ELLIVAL

ET

CAROLINE.

Par M. LE COMTE DE L....

~~~~~~

La sensibilité fait tout notre génie.
PIRON, *Métromanie.*

TOME PREMIER.

PARIS,

C. L. F. PANCKOUCKE, Imprimeur, Libraire de la Chambre
des Pairs, rue et hôtel Serpente, n°. 16.
DELAUNAY, PÉLISSIER, PETIT, au Palais-Royal.
LE NORMANT. rue de Seine, n°. 8.
PELLET, rue Christine, n°. 8.
VERDIÈRES, quai des Augustins, n°. 27.

1816.

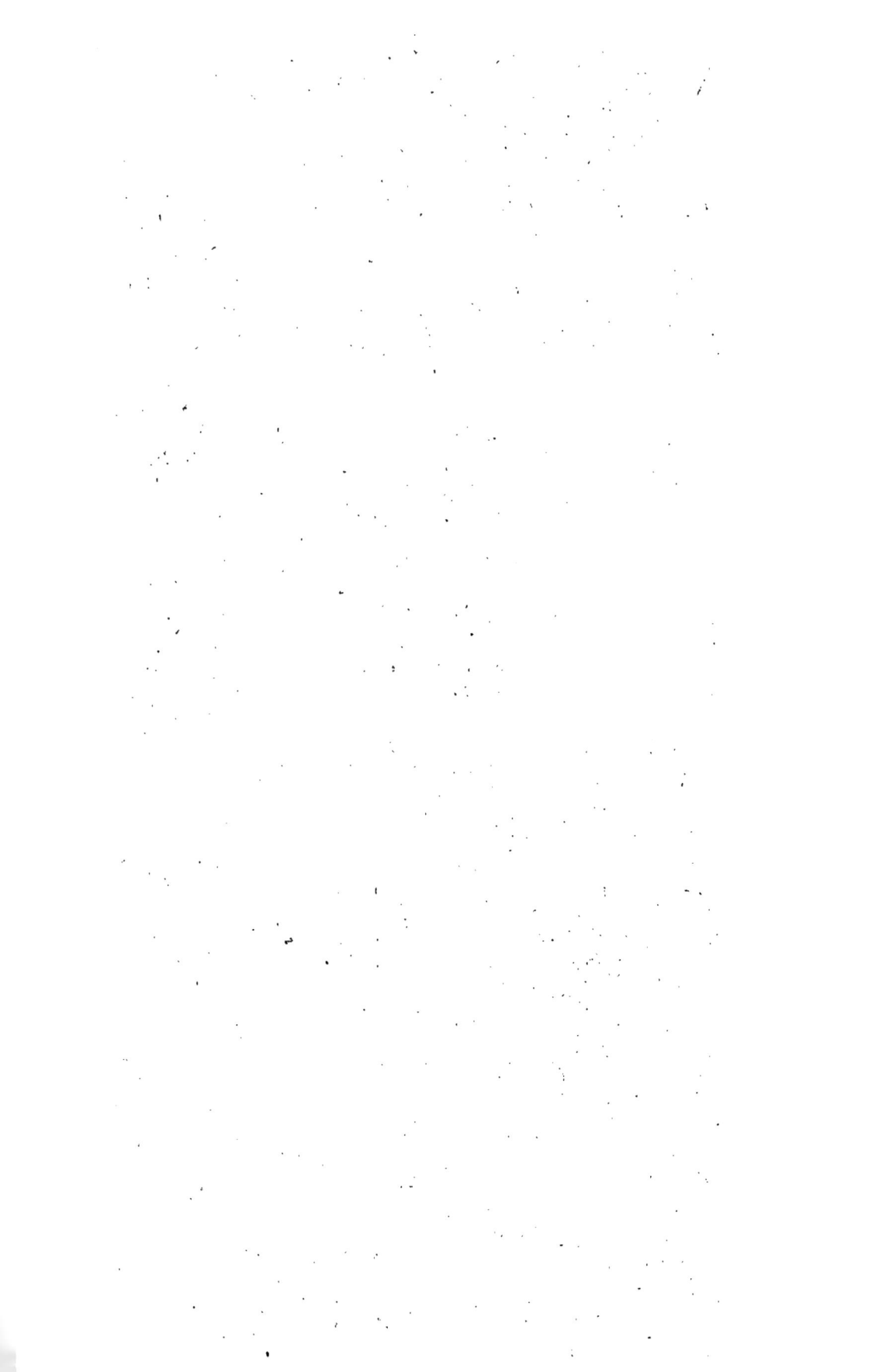

ELLIVAL

ET

CAROLINE.

IMPRIMERIE DE C. L. F. PANCKOUCKE.

ELLIVAL

ET

CAROLINE.

Par M. LE COMTE DE L....

La sensibilité fait tout notre génie.

Piron, *Métromanie.*

TOME PREMIER.

PARIS,

C. L. F. Panckoucke, Imprimeur, Libraire de la Chambre
des Pairs, rue et hôtel Serpente, n°. 16.
Delaunay, Pélissier, Petit, au Palais-Royal.
Le Normant, rue de Seine, n°. 8.
Pillet, rue Christine, n°. 8.
Verdières, quai des Augustins, n°. 27.

1816.

ELLIVAL

ET

CAROLINE.

CHAPITRE PREMIER.

Le mois de juillet alloit finir, et le soleil, près de se coucher, éclairoit à peine le sommet des forêts qui couronnent les hautes montagnes situées autour de la vallée de Saint-Laurent, près la grande Chartreuse du Dauphiné. Les danses des jeunes villageois duroient encore sous les grands arbres qui environnent l'église; Elise s'étoit éloignée des danses et des habitations; et, seule, assise sous des saules mêlés de peupliers, sur le bord du

ruisseau qui suit toutes les sinuosités de
la vallée, elle se livroit à ses tristes pensées et à ses souvenirs mélancoliques.
C'étoit à cette même place qu'elle avoit
reçu tant de fois les sermens du marquis
d'Amance, lorsque, jeune, beau et aimable, séduit d'abord par le charme de cette
vallée si romantique, et ensuite par les attraits de la belle Elise, il avoit interrompu
ses voyages et prolongé pendant long-
temps son séjour à Saint-Laurent. Elise,
bonne, vive, sensible et sans expérience,
avoit trop cru à ses sermens. Devenue
mère avant d'être épouse, elle avoit obtenu de l'indulgence de ses parens dont
elle étoit la fille unique, le pardon de sa
foiblesse; et elle alloit recevoir la main
du marquis, lorsque le vicomte de Saint-
Elme, cousin du jeune d'Amance, instruit
du mariage prochain des deux jeunes
amans, accourut à Saint-Laurent, et, aidé
par la légèreté naturelle des sentimens
de son cousin, parvint bientôt à affoiblir

son amour, à ébranler ses principes, à séduire sa bonne foi, à l'entraîner bien loin d'Elise.

L'ambition du vicomte étoit démesurée; aucune idée religieuse ne le retenoit; il désiroit l'estime du monde, mais il se seroit tout permis pour satisfaire la passion qui le dominoit, pourvu que ce fût en secret, et que sa considération ne fût pas compromise. Depuis long-temps il avoit résolu d'éloigner le marquis d'Amance de tout projet de mariage, afin que la grande fortune du marquis appartînt un jour à sa fille Emilie de Saint-Elme, héritière présomptive de M. d'Amance.

Seize ans s'étoient écoulés depuis qu'Elise, abandonnée par son amant, avoit donné le jour à une fille qu'elle avoit nommée Caroline. Les soins de ses parens étoient parvenus à dérober sa grossesse à tous les yeux; ils l'avoient emmenée dans un village éloigné, et ne l'avoient ramenée à Saint-Laurent qu'au bout de

trois ou quatre ans. Personne ne doutoit,
dans la patrie d'Elise, que, pendant son
absence, elle n'eût été mariée, et qu'elle
ne fût devenue veuve d'un laboureur
nommé *Desormes*.

Depuis huit ans, Elise avoit perdu les
honnêtes cultivateurs auxquels elle devoit
le jour; elle vivoit retirée avec sa fille,
dans le petit héritage qu'ils lui avoient
laissé; et, sans cesse occupée de cette
enfant qui lui étoit si chère, elle l'élevoit
avec le soin le plus tendre.

Elle venoit souvent auprès du ruisseau
témoin du bonheur qu'elle avoit goûté
pendant si peu de temps, et que tant de
douleurs avoient suivi; elle y venoit s'asseoir, rêver, soupirer et pleurer. Mais,
le jour qui avoit ramené pour la dix-sep-
tième fois l'anniversaire de ses malheurs,
elle s'étoit oubliée beaucoup plus tard
qu'à l'ordinaire sur cette rive si chère à
son cœur. Les danses avoient cessé : on
n'entendoit plus dans le lointain les chants

ni les instrumens; la nuit étoit obscure; des éclairs sillonnoient des nuages noirs entassés du côté du couchant; le tonnerre commençoit à se faire entendre, et tout annonçoit un grand orage.

Caroline inquiète va au-devant de sa mère, la trouve encore immobile et pensive sur le bord du ruisseau, cherche, par ses douces paroles et par ses caresses plus douces encore, à dissiper sa triste rêverie, et la ramène dans la chaumière qu'elles habitoient.

Elise la fait asseoir auprès d'elle, l'embrasse plus tendrement qu'à l'ordinaire, l'embrasse encore, veut lui parler, et ne sait comment elle doit commencer d'annoncer à sa fille qu'elle est forcée de se séparer d'elle pendant quelques jours. « Voilà la première fois que je m'éloigne « de toi, Caroline; ton intérêt l'exige; « ton père ne t'a rien laissé; et le petit « bien que nous devons à mes parens, « réuni à ce que notre travail nous pro-

« cure, peut à peine suffire à ton exis-
« tence et à la mienne ; une maladie un
« peu longue nous réduiroit à la misère.
« Lis la lettre que j'ai reçue ; elle m'an-
« nonce une succession d'une parente
« éloignée qui vient de mourir auprès
« de Strasbourg ; je croyois n'avoir plus
« d'autre parente que la bonne Mathurine,
« cette veuve dont je t'ai parlé si souvent,
« qui, ayant eu occasion de venir voir mon
« père et ma mère pendant ton enfance,
« te témoigna tant d'amitié, et qui vit
« maintenant auprès de Hyères, à trente
« lieues d'ici ; mais Dieu me réservoit la
« consolation de n'avoir plus d'inquiétude
« sur toi ; tu seras toujours bonne, sage,
« laborieuse ; tu te souviendras des con-
« seils de ta mère, et le malheur ne t'at-
« teindra pas.

» Le notaire de Molsheim m'écrit qu'il
« m'attend pour me remettre l'argent
« qu'a laissé Jeanne Siffert, petite fille de
« la sœur de mon grand-père, et me

« mettre en possession d'une maison et
« de plusieurs pièces de terre , dont on
« m'offre plus de trente mille francs, si je
« désire de les vendre. Je voulois d'abord,
« ma fille , t'emmener avec moi ; mais tu
« es encore trop jeune pour le voyage que
« je vais faire. Avant deux mois, je serai
« de retour , pour ne plus te quitter. Ne
« pleure pas , Caroline, bientôt tu me
« reverras ; j'ai tout arrangé pour toi avec
« l'ancienne compagne de mon enfance ,
« la femme de Jacques Philbert; elle t'aime
« beaucoup ; tu passeras auprès d'elle le
« temps de mon absence ; je l'abrégerai
« autant que je le pourrai , et bientôt tu te
« retrouveras dans les bras d'une mère
« qui donneroit mille fois sa vie pour
« toi. »

Et cependant l'orage redoubloit; la pluie
tomboit par torrens ; les éclairs et les éclats
du tonnerre se succédoient sans interrup-
tion. Mais Elise et Caroline éprouvoient
une douleur trop vive , pour que la vio-

lence de la tempête pût leur inspirer quelque crainte. Quelque courte que dût être leur séparation, elle absorboit et leurs sentimens et leurs pensées; et le jour commençoit à paraître, que, dans les bras l'une de l'autre, elles n'avoient songé à prendre aucun repos.

Caroline, toujours douce, toujours docile à la voix de sa mère, et résignée à ce qu'elle regardoit comme la volonté du ciel, mais pâle, défaite, abattue, se laisse conduire par Elise chez la femme Philbert. Elle se jette de nouveau dans les bras de sa mère, ne peut résister au funeste pressentiment qui l'accable, tombe sur un siége, et perd le sentiment de sa douleur. Elise l'embrasse, la recommande de nouveau à son amie, et, profitant de l'évanouissement de sa fille, s'échappe, et va joindre à l'autre extrémité du village la voiture qui l'attend, et qui doit la conduire en Alsace.

CHAPITRE II.

ELLE arrive après plusieurs jours de voyage dans un village situé sur la route qui va de Besançon à Beffort. Un accident arrivé à sa mauvaise voiture l'oblige à y séjourner. Elle demande un asile dans une petite auberge , la seule qui soit dans le village. La maîtresse la reçoit avec affabilité ; mais elle ne peut lui donner qu'un petit cabinet, toutes les chambres de l'auberge sont occupées par un voyageur et par sa suite. Une maladie de langueur, pour laquelle on avoit ordonné à ce voyageur de parcourir la Suisse, avoit redoublé d'une manière très-fâcheuse , depuis plusieurs jours , et l'avoit forcé à s'arrêter dans le village ; les symptômes étoient devenus

1*

plus alarmans; « et le médecin que l'on a
« fait venir de Beffort, ajouta la maîtresse
« de l'auberge, paroît d'autant plus in-
« quiet, que le malade est continuellement
« absorbé dans de tristes pensées. Ses gens,
« qui l'appellent M. le marquis, paroissent
« avoir beaucoup de respect et d'affection
« pour lui ; sa situation les afflige vive-
« ment; ils ont cru devoir faire prévenir
« un cousin de leur maître, qu'ils suppo-
« sent dans une de ses terres auprès de
« Besançon, et je garde pour ce parent
« la seule chambre qui soit restée libre. »

Pendant qu'Elise soupoit avec l'hôtesse
et son mari, le médecin descendit avec
précipitation de la chambre du malade,
dit qu'il alloit beaucoup plus mal, et demanda qu'on allât chercher le plus promp-
tement possible le curé et le notaire du
village ; M. le marquis sentant sa fin prochaine, désiroit ardemment de voir l'un
et l'autre. Le maître de l'auberge sortit à
l'instant pour les prier de venir.

Elise éprouva un trouble involontaire ; tous ses malheurs se retracèrent à l'instant à sa pensée ; l'idée de sa fille dont elle ne pouvoit avoir des nouvelles qu'à Stras- bourg, remplit son âme d'une plus grande tristesse ; son cœur fut fortement ému, et ses yeux se mouillèrent de larmes.

Ce témoignage de sensibilité toucha la maîtresse de l'auberge ; mais il étoit déjà tard. Elise ne pouvoit rien pour le sou- lagement du malade ; elle étoit très-fati- guée ; elle demanda à se retirer dans le cabinet dont on pouvoit disposer pour elle.

Ce cabinet étoit très-voisin de la cham- bre du malade, et même n'en étoit séparé que par une cloison peu épaisse ; une porte, fermée du côté d'Elise par un sim- ple verrou, conduisoit du cabinet dans la chambre, et le lit au pied duquel Elise fit sa prière touchoit presque à cette porte. Pendant qu'elle prioit, le curé étoit entré dans la chambre du marquis, et, seul avec

lui, il lui faisoit entendre le langage de
la religion. Insensiblement la voix du malade s'anima, et des accens qu'Elise crut
reconnoître portèrent dans son cœur la
plus vive agitation. D'abord elle crut rêver ; ensuite une sorte d'effroi religieux
s'empara d'elle ; la lumière qu'elle avoit
apportée, alloit s'éteindre, et les grandes
ombres mobiles et agitées que projetoit sa
foible clarté présentoient à son imagination troublée des figures fantastiques, des
espèces de spectres qui paroissoient et dis-
paroissoient, et au milieu desquels des
traits, gravés bien profondément dans
son cœur, frappoient sa vue égarée. Le
tumulte de ses sensations alloit toujours
croissant, lorsque la voix du malade s'é-
leva davantage ; elle entendit le nom d'E-
lise prononcé au milieu des soupirs ; elle
écoute hors d'elle-même ; et, s'approchant
le plus près possible de la porte, surmontant, pour mieux entendre et par une
sorte d'enthousiasme impossible à décrire,

l'impatience secrète et tous les mouvemens
qui l'agitent, elle entend le malade s'é-
crier : « Ah! monsieur, le remords n'a
« cessé de déchirer mon âme ; je n'ai
« plus que quelques instans à vivre ; à
« peine ai-je la force de vous faire con-
« noître mes sentimens les plus secrets ;
« Dieu sait que je ne désirerois dans ce
« moment de voir mes jours se prolonger
« que pour avoir le temps de réparer ma
« faute, d'appeler auprès de moi la com-
« pagne que j'ai abandonnée, vous de-
« mander de nous unir, bénir la fille
« d'Elise et de moi ». A ces mots, Elise,
transportée et ne pouvant plus se contenir,
ouvre avec violence la porte de commu-
nication, s'élance dans la chambre, se
précipite vers le lit du malade, et tombe
à ses genoux, en s'écriant, *d'Amance!*
mon cher d'Amance! Le marquis la reconnoît, jette un grand cri, se penche
vers elle, et s'évanouit. Elise recouvrant
toutes ses forces au milieu de son délire

de joie et de terreur, s'empresse de secourir le marquis; le respectable curé dont
rien n'égale l'étonnement, réunit ses soins
à ceux d'Elise; insensiblement le marquis
d'Amance revient à lui , ouvre les yeux ,
reconnoît de nouveau celle qui lui fut toujours si chère. *Elise ! Elise !* s'écrie-t-il,
et, au milieu d'une sorte d'ivresse et de
rêverie , la serre dans ses bras , lui donne
les noms les plus tendres , l'appelle son
épouse , lui demande sa fille, sa Caroline ; « Elise, pardonne le trop coupable
« Amance. Ah ! son cœur n'a jamais cessé
« d'être à toi. Et ta fille me pardonnera-
t-elle ? » Mais bientôt des sensations aussi
vives et aussi inattendues l'accablent ; près
de succomber à de si grands efforts, à
peine peut-il, d'une voix affoiblie, demander à Elise par quel prodige elle se trouve
auprès de lui. Elise, près de céder elle-
même à la violence des sentimens qui
l'agitent, mais surmontant avec d'autant
plus de courage tout ce qu'elle éprouve,

qu'elle craint, pour ainsi dire, de voir à chaque instant se dissiper ce bonheur si grand auquel elle étoit si éloignée de s'attendre, et qui lui paroît une illusion plutôt qu'une réalité, elle dit à d'Amance tout ce qui peut peindre son ravissement; elle lui raconte tout ce qui lui est arrivé, tout ce qu'elle a éprouvé, tout ce qu'elle éprouve; elle lui cache néanmoins ses mortelles alarmes.

Il l'écoute encore après qu'elle a cessé de parler, il presse ses mains dans les siennes, il se recueille; et, se tournant ensuite vers le curé : « C'est à vous, « Monsieur, de me rendre tout-à-fait la « tranquillité que j'avois perdue depuis si « long-temps. Veuillez préparer tout ce « qu'exige votre saint ministère, unissez « la main du repentant d'Amance à celle « de mon Elise, de la mère de ma Caro- « line; que mes derniers regards se por- « tent sur l'épouse la plus vertueuse et la « plus chérie; que je meure content. »

Le curé le console, l'encourage ; et , au moment où il sort pour donner ses ordres et faire préparer tout ce qui est nécessaire à l'auguste et touchante cérémonie que d'Amance réclame , le marquis fait entrer le notaire, et lui dicte tous les actes qu'exigent son mariage avec Elise et la reconnoissance de sa fille.

Le médecin arrive, examine le malade ; et , malgré tous les signes de calme , de contentement , de bonheur et de force nouvelle qu'il voit sur sa figure , et dont le curé venoit de lui annoncer la cause si heureuse et si imprévue , il reconnoît tous les symptômes d'une mort très-prochaine. Quelle situation pour Elise ! les yeux fixés sur le médecin , elle attend et redoute son arrêt qu'il dissimule autant qu'il le peut. Il donne au malade tous les secours qui peuvent ranimer encore pour quelques instans sa force presque éteinte. La pendule sonne onze heures ; et lorsque minuit sonnera , d'Amance ne sera plus.

Cependant l'aubergiste et sa femme viennent aider les gens consternés du marquis d'Amance, et servir de témoins pour l'acte que le notaire lit et fait signer. Que ne ressent pas Elise en recevant cette plume qui vient d'assurer le sort de sa fille, et que lui présente cet époux adoré qu'elle a tant pleuré, qu'elle retrouve, et qui va lui être ravi pour toujours !

Une table est avancée; on la couvre d'un linge blanc; on la sème de fleurs; on y place le signe du salut, au milieu de flambeaux allumés; l'eau bénite est apportée; l'encens brûle; le curé revêtu de la robe sans tache et de l'étole pastorale, découvrant sa tête septuagénaire, s'avance vers le lit du marquis d'Amance, à côté duquel se tient debout le médecin attentif et inquiet; et, lui adressant la parole au nom de celui dont la puissance souveraine règle toutes les destinées, levant sur sa tête inclinée, sa main dispensatrice des grâces du Très-Haut, il le

bénit, le pardonne au nom du ciel, prie
pour lui, pour Elise, pour Caroline, prend
sa main défaillante, la place dans la main
tremblante d'Elise, qui, prosternée auprès du lit, ne voit plus, n'entend plus
rien, les déclare époux ; et, au moment
où il achève les rites sacrés, d'Amance
expire en prononçant le nom de Dieu et
celui de l'épouse infortunée qui tombe
sans sentiment.

A l'instant, entre dans cette chambre
funèbre le vicomte de Saint-Elme, ce
parent que les gens du marquis avoient
fait prévenir du danger que couroit son
cousin. L'appareil religieux, la présence
d'Elise qu'il reconnoît, celle du curé, la
main glacée du marquis, qui est encore
dans celle d'Elise, tout lui apprend qu'il
ne cueillera pas le fruit de ses conseils
perfides. Frappé comme d'un coup de
foudre, il retient cependant ses mouvemens secrets, dissimule ; et, composant
sa figure et sa voix, il vole vers le lit,

s'exhale en plaintes sur la mort de son cousin, et s'empresse, avec le curé, le médecin et le notaire, de secourir Elise qui, toujours sans connoissance, est portée dans une chambre voisine.

CHAPITRE III.

———

LE vicomte ne négligea rien pour rendre
à Élise, devenue marquise d'Amance, un
peu de force, de repos et de santé; il
passoit auprès d'elle la plus grande partie
de la journée, lui parloit du marquis, de
sa fille, de la destinée future de Caroline,
pleuroit avec elle, faisoit entendre, avec
tout le ménagement et toutes les précautions qu'il pouvoit imaginer, la voix de
l'amitié, et ne s'arrêtoit dans ses soins
assidus que lorsqu'il craignoit de blesser
par trop d'instance, ou de donner des
soupçons sur ses sentimens, en exprimant
son intérêt avec trop de chaleur.

Il réussissoit peu. L'espèce de conva-
lescence d'Élise faisoit peu de progrès;

presque toujours accablée sous le poids
de son chagrin, elle ne paroissoit se dé-
cider à supporter la vie que lorsqu'elle
pensoit au besoin que sa fille avoit d'une
mère qui l'adoroit. Le curé charmoit sa
douleur en l'entretenant de ses devoirs
maternels, et en lui parlant de Dieu qui
seul peut consoler le malheur sans espoir.
Elle désiroit vivement de partir pour aller
rejoindre sa fille à qui le vicomte avoit
écrit le lendemain de la mort du marquis
d'Amance, et dont le silence commençoit à lui donner bien de l'inquiétude.

Sa résignation, sa piété, sa tendresse
pour Caroline, et la bonté de son tempérament lui ayant enfin rendu un peu de
santé, elle ne résista plus à son impatience, et résolut de partir dès le lendemain pour les environs de la grande Chartreuse avec le vicomte qui lui avoit demandé la permission de l'accompagner.

Dès qu'elle eut pris cette résolution,
elle fit appeler la maîtresse de l'auberge,

et resta renfermée avec elle pendant un temps assez long.

Le soir elle renvoya ceux qui l'entouroient, dit qu'elle avoit besoin de repos, et recommanda que le lendemain on entrât chez elle de bonne heure.

Vers minuit, la maîtresse de l'auberge monta chez la marquise, l'aida à se lever; et, pendant que toutes les personnes logées dans la maison dormoient profondément, Élise et l'aubergiste descendirent en silence et sans lumière, sortirent de l'auberge, et s'avancèrent vers l'église. On y avoit déposé dans une chapelle le cercueil qui renfermoit les restes du marquis, et on devoit l'y conserver jusqu'au moment où il seroit transporté dans celle de ses terres, où étoient les tombeaux de ses ancêtres. Élise et sa compagne entrent dans l'église par une porte dont la maîtresse de l'auberge s'étoit procuré la clef; la nef étoit grande; la clarté très-foible d'une lampe placée auprès de l'autel pou-

voit à peine être aperçue au milieu de
l'obscurité du temple, et la chapelle qui
renfermoit le cercueil étoit entièrement
dans l'ombre. Élise veut que sa compagne
reste auprès du sanctuaire ; elle s'avance
seule vers la chapelle : quelque lente que
soit sa marche, le bruit de ses pas, sur le
pavé de l'église, se répand dans les voûtes
comme une sorte de murmure sourd ;
Elise éprouve une sorte d'horreur secrète ;
ses genoux sont près de se dérober sous
elle ; elle continue cependant, et, parve-
nue à la chapelle, elle en franchit la ba-
lustrade s'approche en tremblant ; et, oppressée par tous les sentimens qui pèsent
sur son âme, elle se prosterne au pied
du cercueil, s'incline sur ce dépôt si cher
et si terrible, l'embrasse en frémissant,
l'arrose de ses larmes amères, et dit les
derniers adieux à ces restes glacés, auprès
desquels elle a voulu proférer sa triste
prière avant de quitter l'endroit funeste
où elle a perdu son époux.

A mesure qu'elle remplit ce devoir religieux, elle tombe dans une espèce de
rêverie, ou plutôt d'accablement profond.
L'horloge fait entendre une heure ; et à
peine le bruit de l'airain a-t-il cessé de
retentir d'une manière lugubre autour
d'Elise, qu'une voix sourde et comme
sépulcrale profère, derrière le cercueil,
un foible gémissement. Elise éperdue entend ces paroles effrayantes : *Malheureuse
Elise, fuis le danger qui te menace;
sauve-toi, sauve Caroline !*

A l'instant la clarté de plusieurs flambeaux pénètre dans la chapelle au travers
des vitraux ; un grand bruit se fait entendre
à la porte de l'église, que l'on ouvre avec
précipitation ; et le vicomte, suivi du
curé, du médecin, de ses gens et de ceux
d'Elise, accourt à la chapelle, vole à la
marquise qu'il trouve étendue et presque
inanimée au pied du cercueil ; la relève,
lui fait de tendres reproches sur la cause
de son absence, qu'un hasard vient de lui

faire découvrir, lui donne le bras, la ramène à l'auberge, et l'engage à chercher dans son lit quelques momens de repos avant l'instant où elle a résolu de partir pour le Dauphiné.

Retiré dans sa chambre, il fait venir un de ses gens, qui, n'ayant, comme son maître, aucun principe de religion ni de morale, et toujours prêt à tout sacrifier à son intérêt, est depuis long-temps entièrement dévoué à la volonté du vicomte. — « Les ordres que je vous ai donnés se- « ront-ils exécutés? — Oui, monsieur.— « Êtes-vous sûr que ce valet d'écurie que « j'ai rencontré hier au soir sur l'escalier, « en sortant de cette chambre, n'a pas « pu nous entendre?—Oui, monsieur, et « d'ailleurs c'est un imbécille. Si vous ne « deviez pas être entièrement tranquille « à ce sujet, il seroit bien aisé de le « mettre du voyage. — L'or que je vous « ai donné a-t-il suffi? Ces gens ont-ils « paru contens?—Oui, monsieur.—Ré-

« pondez-vous particulièrement de leur
« chef ? — Oui, monsieur. — Seront-ils
« prêts la nuit prochaine ? — Oui, mon-
« sieur? — N'entends-je pas quelqu'un ? »

Saint-Jean ouvre la porte, s'avance,
examine, rentre, referme la porte avec
soin. « Il n'y a personne. — C'est bien : al-
« lez, et n'oubliez jamais que votre vie
« dépend de la plus légère indiscrétion. »

Le vicomte resté seul, se promène à
grands pas, s'assied, se lève, marche
avec beaucoup de précipitation, s'assied
de nouveau, réfléchit pendant long-temps,
la tête appuyée sur sa main, se relève toujours plus agité, s'arrête, s'avance, s'arrête
encore. « Au reste, qui le saura ? Saint-
« Jean ? Il y va de sa vie. Lui seul aura
« tout fait. Je n'aurai rien écrit. Le con-
« cierge ? Son existence dépend de moi.
« Il seroit perdu s'il refusoit... D'ailleurs
« il la croira folle... Le sort en est jeté...
« Mes désirs s'accompliront ; et si je pou-
« vois avoir à craindre pour cette consi-

« dération publique, que seule je ne veux
« pas sacrifier à mes projets, je saurois
« bien m'affranchir de toute inquiétude. »

L'heure du départ arrive. Le vicomte
fait monter dans sa voiture Elise éplorée,
mais que sa piété, sa résignation et l'espoir d'embrasser bientôt sa fille, et de lui
annoncer sa nouvelle destinée, soutien-
droient contre les effets du coup terrible
qui l'a frappée, si elle n'étoit troublée par
un pressentiment secret. Elle croit voir
dans les traits de l'aubergiste, de sa
femme, et même de Philippe, le valet
d'écurie, une expression d'inquiétude,
de crainte, de pitié, mêlée à celle de
l'intérêt et de l'affection. Mais son âme
innocente ne conçoit pas aisément des
soupçons; le vicomte la presse; elle part.
Saint-Jean la suit dans la voiture de feu
le marquis; trois domestiques sont à cheval, mais il n'ont pas d'armes.

2.

CHAPITRE IV.

Ils s'arrêtèrent, pour passer la première nuit, dans une auberge isolée au milieu d'une vaste forêt. Vers deux heures du matin, un grand nombre d'hommes masqués et armés environnèrent la maison, y pénétrèrent, et, malgré les efforts du vicomte, de ses gens et de ceux de la marquise, se saisirent d'Elise et de Saint-Jean, les firent monter dans une des deux voitures, leur mirent un baillon dans la bouche, un mouchoir sur les yeux, et les enlevèrent.

Lettre de Saint-Jean au vicomte de Saint-Elme.

« Je m'empresse d'annoncer à M. le
« vicomte que tout a réussi au gré de ses
« désirs. Lorsque les hommes armés qui
« nous avoient enlevés, madame la mar-
« quise et moi, nous eurent conduits dans
« le plus épais de la forêt, ils me déli-
« vrèrent du baillon et du bandeau ; je
« leur donnai la somme convenue, et je
« les congédiai ; je n'en gardai qu'un pour
« conduire la voiture à la place de votre
« postillon qui étoit resté à l'auberge avec
« vous. Je me remis tout de suite en route,
« évitant les chemins fréquentés, n'allant
« que la nuit, passant le jour dans les
« bois, ne débarrassant jamais madame la
« marquise de son bandeau, et ne la déli-
« vrant de son baillon que lorsque nous
« étions à une trop grande distance de
« toute habitation, pour que j'eusse quel-
« que chose à craindre de ses cris. J'ai été

« sourd à ses gémissemens, à ses offres,
« à ses menaces. Sa douleur étoit affreuse,
« et tenoit du délire. Mais que ne ferois-je
« pas pou r prouver mon zèle à M. le vi-
« comte ?

« Le troisième jour, avant de pénétrer
« dans la forêt si touffue que M. le vi-
« comte connoît, qui est traversée par
« plusieurs routes, et qui n'est qu'à quel-
« ques lieues du château de Mont-Saint-
« Pierre, j'ai renvoyé l'homme que j'avois
« gardé pour servir de postillon. J'ai at-
« tendu la nuit ; et j'ai conduit moi-même
« la voiture jusqu'au château de M. le
« vicomte. Paul, votre concierge, a été
« étonné de me voir ; mais il exécutera
« fidèlement vos ordres. Je lui ai dit que
« vous vouliez qu'il eut soin de la mal-
« heureuse folle que vous lui envoyiez ;
« mais qu'il devoit la garder avec la plus
« grande exactitude, ne pas la laisser sor-
« tir de la vieille tour, ne la laisser voir
« à personne, et même ne pas laisser

« soupçonner que la tour fût habitée. Je
« lui ai répété bien des fois que son obéis-
« sance et sa discrétion pouvoient seules
« garantir sa vie. Le logement qu'il oc-
« cupe auprès de l'entrée du château
« est très-éloigné de la vieille tour, et
« en est maintenant séparé par des mon-
« ceaux de ruines, que nous avons eu
« bien de la peine à faire franchir à ma-
« dame la marquise. Je l'ai laissée dans
« une sorte de désespoir; mais le temps
« la calmera. Nous avons arrangé, pour
« elle, la meilleure chambre de la tour.
« Le concierge lui portera à manger deux
« fois par jour, et lui donnera ce qu'elle
« pourra désirer pour s'occuper, et qu'il
« pourra lui procurer, sans trop s'éloigner
« du château, et sans donner des soup-
« çons. Je lui ai laissé de l'argent. Un
« petit neveu va le voir deux ou trois
« fois par semaine, et fait ses commis-
« sions. Ce jeune homme ne se doutera
« de rien.

« Je ne mettrai la lettre, que j'ai l'hon-
« neur d'écrire à M. le vicomte, qu'à la
« poste de...., afin qu'aucun indice ne
« puisse subsister au sujet de mon voyage
« et du séjour de madame la marquise.
« J'ai préparé une longue histoire de tout
« ce que j'ai souffert pour m'échapper
« des mains des brigands qui ont volé
« et tué madame la marquise. J'ose es-
« pérer que M. le vicomte aura la bonté
« de faire brûler ma lettre. »

~~~~~~

CHAPITRE V.

———

Cependant près de deux mois s'étoient écoulés, et Caroline n'avoit reçu aucune nouvelle de sa mère; rien ne pouvoit calmer son inquiétude. Chacun des jours où le messager devoit arriver au village, elle alloit au-devant, s'asseyoit sur la route, attendoit avec la plus grande anxiété, demandoit avec impatience s'il y avoit quelque lettre pour elle, n'en recevoit aucune, fondoit en larmes, et s'en retournoit désolée chez Marie Philbert qui pleuroit avec elle, et parvenoit bien difficilement à lui rendre quelque espoir.

Un jour enfin, un habitant du village apporte à Marie une lettre qu'on lui avoit adressée pour elle. Elle s'empresse de la remettre à son mari, qui la lit, se désole,

2*

et lui apprend qu'Elise ne vit plus. Le
curé de Morteau, près de Pontarlier,
ayant su, par quelques papiers d'Elise,
qu'elle avoit confié sa fille à la femme de
Jacques Philbert, annonce à Marie ce funeste événement, entre dans quelques
détails sur la maladie dont Elise est morte,
ajoute que ce qu'elle avoit d'argent et
d'habits a pu à peine suffire pour payer
les frais de cette maladie, et prie Marie de ne faire part à Caroline de la perte
que cette jeune fille vient de faire qu'avec
les plus grandes précautions.

A peine Philbert avoit-il achevé de lire
à sa femme la lettre du curé, que Caroline entre dans la chaumière. On vient de
lui dire que Marie a reçu une lettre ; un
pressentiment terrible l'a fait accourir.
L'air désolé, surpris et contraint de Philbert et de Marie ne lui annonce que trop
son malheur : elle interroge, on ne lui
répond pas. «Ma mère est morte !» s'écrie-
t-elle. Le silence de Marie et de Philbert

lui ôte toute incertitude ; elle se jette sur la lettre que Philbert tenoit encore ouverte, la parcourt avec rapidité, et tombe insensible dans les bras de Marie.

A cet état d'anéantissement succèdent une fièvre violente et un délire effrayant. Le temps, la force d'une grande jeunesse, et les soins affectueux et assidus de Marie dissipent insensiblement cet état, et ne lui laissent qu'une grande faiblesse, et une tristesse profonde.

Sa grande consolation étoit d'aller au bout de la prairie, s'asseoir sous les arbres favoris d'Elise, sur le bord du ruisseau. Là elle pleuroit en pensant à sa mère, à sa tendresse, à ses douces caresses qu'elle ne recevroit plus. Elle rappeloit toutes les leçons de vertu qu'Elise lui avoit données, sous ces mêmes arbres où, dans sa mélancolique rêverie, elle croyoit entendre encore les accens de sa voix touchante. Le souvenir si doux et si triste pour elle de la constante sollicitude que sa mère lui avoit témoignée, la conduisit à réfléchir sur sa situation. N'ayant jamais connu son père, privée de sa mère chérie, seule, délaissée dans ce monde, sans fortune, sans appui, et si jeune encore, que deviendra-t-elle? Elle ne veut pas abuser plus long-temps de l'amitié de Marie, trop pauvre d'ailleurs pour qu'elle puisse continuer d'en recevoir une assistance nécessaire à la famille Philbert. Elle se prosterne sur cette herbe qu'Élise a si souvent foulée; elle invoque sa mère, elle la prie de lui inspirer le parti qu'elle doit préférer.

Elle prend enfin une résolution dans laquelle chaque jour la confirme. Elle quittera la vallée où tout lui retrace d'une manière trop douloureuse pour elle l'excellente mère qu'elle ne reverra plus. Elle ira à Hyères, trouver la seule parente qui lui reste, la bonne Mathurine; elle lui tiendra lieu de fille, soutiendra sa vieillesse, partagera ses soins, la soulagera dans son travail.

Pour qu'aucun obstacle, aucune ré-
flexion, aucune sollicitation ne l'arrêtent
dans son projet, elle ne le communiquera
à personne, ne dira à personne où elle
doit se retirer, laissera, en partant, une
lettre pour Marie et Philbert, mais quittera la vallée sans leur parler.

Elle s'occupe en secret de ses prépara-
tifs ; elle écrit à Marie que, d'après les
dernières recommandations que sa mère
lui avoit faites, la veille de son départ
pour l'Alsace, elle alloit faire un voyage;
qu'elle lui donneroit de ses nouvelles ;
qu'elle espéroit la revoir bientôt ; qu'elle
conserveroit toute sa vie le souvenir de
son amitié. « Soyez heureux, vous et Phil-
« bert ; pensez quelquefois à votre mal-
« heureuse Caroline qui vous chérira tant
« qu'elle vivra. »

Le jour qu'elle a fixé pour son départ,
elle se lève avant le soleil ; elle prend le
peu d'argent qu'elle veut emporter, ras-
semble en pleurant ce qui doit composer

son paquet, laisse sur sa table la lettre
qu'elle a écrite pour Marie, et une petite
somme qu'elle lui a réservée, et qu'elle
la prie dans sa lettre d'accepter, sort de
sa chambre, marche sur la pointe du
pied, pour ne pas éveiller ses amis, ouvre
sans bruit la porte de la cour, la retire de
même, jette un triste et affectueux regard sur la chaumière, invoque, en passant devant l'église, le dieu qui protége
l'innocence et le malheur, s'arrête toute
émue devant la maison de sa mère, se
prosterne pieusement, baise avec respect
le seuil de la porte; et, pleine de confiance
dans la bonté de Dieu et dans la vertu
de sa mère, dont il lui semble que l'ombre
vénérée veillera sur sa jeunesse, elle se
relève, n'ose plus jeter un regard en ar-
rière, entend en frémissant la cloche qui
annonce le retour des travaux du village,
et s'avance à grands pas dans la route qui
conduit à la ville la plus voisine.

CHAPITRE VI.

Dès le lendemain, Caroline partit de bonne heure, et chaque jour, marchant autant que ses forces pouvoient le lui permettre, elle arriva enfin à Hyères, peu d'heures avant le moment où le soleil alloit se coucher. Mathurine n'habitoit ni la ville ni ses faubourgs. Elle demeuroit dans une chaumière, vers le milieu d'une petite vallée qui aboutissait à la mer. Caroline demande le chemin qui conduit à cette chaumière, s'empresse de le suivre, et frappe à la porte, presque à l'instant où le jour finissoit. Mathurine qui ne l'avoit vue qu'enfant, eut d'abord quelque peine à la reconnoître ; mais dès que Caroline se fut nommée, combien elle la serra dans ses bras ! Elle remercie le ciel

de lui avoir amené, pour la consolation
de sa vieillesse, sa bien aimée Caroline ;
elle appelle Elisabeth, veuve du voisi-
nage qu'elle a retirée chez elle avec son
fils Gervais ; elle leur montre sa Caroline,
la nomme sa chère fille, remercie de nouveau le ciel, l'embrasse, et veut lui faire
voir tout de suite la chambre qu'elle doit
occuper. Caroline y trouve un ameuble-
ment simple, mais propre, des gravures,
des dessins, des crayons, des cartes, et
un assez grand nombre de livres qu'avoit
conservés avec soin feu le mari de Mathurine, ancien militaire, qui, ayant reçu
une assez bonne éducation, avoit servi
avec distinction, s'étoit toujours fort bien
conduit, et avoit obtenu le grade d'officier.

Les habitans de la chaumière reviennent
dans la chambre de Mathurine faire un
repas bien agréable pour cette dernière,
bien touchant pour Caroline, et après
lequel la jeune voyageuse, accablée par
la fatigue, embrasse Mathurine, sou-

haite une bonne nuit à Elisabeth et à Gervais, se couche, et s'endort en pensant à sa mère et à sa bonne parente.

A peine, le lendemain, le soleil étoit-il levé, que Caroline ouvrit sa fenêtre : la beauté de la vue dont elle jouit l'étonne et l'enchante ; la vallée lui présente un heureux mélange d'orangers, d'oliviers, de vignes, de mirthes, de grenadiers, de tamaris ; les deux montagnes qui la bordent sont couvertes de pins ; la mer resplandissante de lumière, paroît dans le fond, ne présente d'un côté aucune limite, et de l'autre va se briser contre les rochers pittoresques de la presqu'île de Gien ; et le soleil étincelant s'élève avec majesté au milieu d'un ciel sans nuages.

Caroline tombe à genoux, invoque sa mère, la remercie de lui avoir inspiré l'idée de venir chez Mathurine, offre à Dieu tous les mouvemens de son âme reconnoissante, reste plongée dans une sorte d'extase, de regrets et de bonheur ;

et, tirée de cette rêverie par le bruit qu'elle entend dans la chambre voisine, court se réunir auprès de Mathurine, à Elisabeth et à Gervais.

Mathurine ne peut se lasser de la contempler; elle voit avec ravissement sa beauté, sa blancheur, ses yeux bleus, ses cheveux noirs, sa taille svelte, sa démarche si noble et si gracieuse, ce sourire qui peint si bien la bonté de son âme. Elle la regarde en silence, l'attire vers elle, la presse contre son sein. Elisabeth partage tout ce qu'elle éprouve. Caroline les tient l'une et l'autre entrelacées dans ses bras, et le jeune Gervais qui ne compte encore que dix-huit ans, qui est un des plus jolis garçons du pays, et qui a le bon cœur de sa mère, la regarde, l'admire. baisse les yeux, la regarde encore, soupire et sort, tout ému, pour ses travaux ordinaires.

Chaque jour, lorsque Mathurine n'avoit plus besoin de son aide, Caroline se

retiroit dans sa chambre, et y passoit
quelques heures à lire. Les livres qu'y
avoit rassemblés le mari de Mathurine
avoient été très-bien choisis. Une traduction de la Bible, l'Histoire ancienne et
romaine, l'Histoire de France, celles
d'Allemagne, d'Angleterre et d'Italie,
quelques traités de géographie et de gram-
maire, les tragédies de Racine, celles de
Corneille et de Voltaire, les Oraisons
funèbres de Bossuet et son Histoire uni-
verselle, le Télémaque, Boileau, quelques volumes de Buffon, la Henriade,
les poëmes de Delille, une traduction
d'Homère et du Tasse, les Voyages de
Pré ôt, Grandisson, Clarisse, Gilblas,
Don Quichotte, la nouvelle Héloïse, Paul
et Virginie, les pensées de Pascal, l'Imi-
tation de Jésus-Christ, et les sermons
de Massillon, ce grand orateur, auquel
Hyères s'honore d'avoir donné la naissance, formoient la plus grande partie
de cette collection.

L'esprit naturel de Caroline lui fit voir aisément combien il lui seroit utile de chercher à s'instruire par la lecture de ces différens ouvrages, et le plaisir qu'elle en retiroit étoit d'ailleurs si vif, que la satisfaction de rendre quelques services à Mathurine pouvoit seule l'engager à interrompre ses lectures et à venir travailler auprès de sa respectable parente, ou plutôt de sa seconde mère.

CHAPITRE VII.

Elle aimoit à se promener le long de la
vallée, et à aller jusque sur le bord de
la mer; souvent elle s'asséyoit sur un des
rochers qui bordent le rivage; elle ne se
lassoit pas de contempler cette mer immense, les vaisseaux que l'on décou-
vroit à différentes distances, les vagues
qui, se succédant les unes aux autres et
se poussant avec force, venoient avec
vitesse se briser contre les roches, re-
jaillir en écume blanche et brillante, couvrir la grève de débris de végétaux ma-
rins, et ne cessoient de faire entendre un
bruit semblable aux roulemens d'un tonnerre lointain, et qui se mêloit au sifflement des vents. Ce grand spectacle, les
émotions qu'elle en recevoit, sa sensibilité naturelle, l'entraînoient, quelque

jeune qu'elle fût encore, vers des réflexions douces, mais mélancoliques, des
souvenirs consolans, mais tristes, des
souhaits élevés, mais presque sans espoir; l'image de sa mère se retraçoit alors
à son âme troublée; elle pensoit à sa tendresse, à ses exhortations, à ses encou-
ragemens; et bientôt elle retrouvoit le
calme et même son aimable gaîté.

Quelquefois Mathurine et Elisabeth venoient s'asseoir avec elle, à l'ombre de
haies de tamaris, sur ces rochers battus
par les vents et les flots. Elles y passoient
plusieurs heures à travailler et à s'entre-
tenir ensemble; et, au milieu de ces deux
femmes qui l'aimoient et ne s'occupoient,
pour ainsi dire, que de ce qui pouvoit
lui plaire, Caroline, reconnaissante,
bonne et affectueuse, auroit goûté un
bonheur parfait, sans les regrets qu'elle
ne cessoit de donner à sa mère, et une
sorte d'inquiétude secrète dont son cœur
si aimant ne pouvoit se garantir.

Un soir, elle s'étoit oubliée sur le rivage; le temps étoit calme, le ciel pur, la mer tranquille; Caroline se croyoit seule; elle chanta, presque sans s'en douter, une romance que sa mère lui avoit apprise, et dont les paroles peignoient une situation semblable à la sienne. Gervais la cherchoit; Mathurine, qui craignoit qu'elle ne se fût égarée dans les montagnes, l'avoit envoyé au devant d'elle; il entend cette voix si belle et si touchante; il s'arrête enchanté, s'avance ensuite, craint de faire le plus petit bruit; se cache derrière un buisson, tout près de Caroline, et s'enivre du plaisir de l'entendre : un mouvement d'approbation, ou plutôt un transport lui échappe; Caroline se retourne, l'aperçoit, va à lui; il rougit, se trouble, balbutie, lui parle cependant de l'inquiétude de Mathurine, et l'engage à reprendre le chemin de la chaumière.

Caroline ne voit que de la bonté dans

l'intérêt du jeune Gervais; elle le remercie, et se met en route avec lui, pour
regagner leur paisible demeure. « Y a-t-il
« long-temps, lui dit Caroline, que vous
« êtes chez Mathurine? — Depuis la mort
« de mon père; j'étois bien jeune alors,
« je n'avois pas huit ans; ma mère se
« désoloit, nous avions tout perdu; je
« ne pouvois pas encore travailler pour
« elle; Mathurine accourut, nous amena
« dans sa maison, et, depuis ce moment,
« nous n'avons manqué de rien. — Oh!
« qu'elle est bonne, Mathurine! —
« Comme vous, mademoiselle. — » Caroline le regarde en souriant, et le jeune
homme rougit. La lune alloit se coucher; ils doublèrent le pas; Caroline
broncha contre un gros éclat de pierre,
se blessa au pied, jeta un cri, et fit de
vains efforts pour continuer de marcher;
la douleur étoit trop vive. Gervais court
à elle, la soutient, la prend dans ses bras,
plein d'inquiétude et de joie, la porte,

malgré sa résistance , jusques à la maison
de Mathurine , et la dépose sur les genoux
de sa mère.

Caroline les rassure l'un et l'autre ;
elle rassure Mathurine qui accourt ; elle
remercie Gervais qui n'a pas besoin de
remerciemens. Mathurine et Elisabeth
examinent la blessure , la lavent , la pan-
sent , aident Caroline à se coucher, et sont
d'autant plus tranquilles sur les suites de
ce léger accident, que bientôt Caroline ,
qui ne sait comment exprimer toute sa
gratitude, s'endort du sommeil le plus
paisible. Gervais entre , voit Caroline en-
dormie , est content , et se retire avec sa
mère et Mathurine.

CHAPITRE VIII.

Cependant on ne parloit, dans les environs de Hyères, que de l'arrivée d'un jeune et beau voyageur, le comte d'Ellival. Ses qualités personnelles, son amabilité, sa douceur, sa bienfaisance, sa naissance et sa grande fortune l'avoient fait remarquer et rechercher dans tous les endroits où il s'étoit arrêté. Il avoit perdu depuis deux ans son père et sa mère, dont il étoit le fils unique, et à l'affection desquels il avoit dû l'éducation la plus utile et la plus brillante.

Dans une de ses promenades du matin, il se dirigea vers la montagne de la Vierge; on lui avoit beaucoup parlé de la beauté de la vue dont on jouit de l'ermitage situé au sommet de cette montagne. C'étoit un jour de fête solen-

nelle dans l'église de ce couvent fameux
par les vœux qu'adressent à Marie, pa-
tronne de cette église, les matelots me-
nacés du naufrage. Le jeune comte,
seul et vêtu très-simplement, y arrive
au moment où l'on disoit la messe; l'é-
glise étoit remplie de fidèles prosternés;
le prêtre élevoit l'hostie consacrée; l'encens brûloit autour de l'autel paré de
fleurs et de cierges, et de jeunes filles
chantoient de saints cantiques. Une voix
céleste dominoit au milieu de ces voix
douces et pures. Le comte, en l'entendant,
éprouva un saisissement involontaire; il
se retourna avec précipitation pour distinguer la jeune personne qui proféroit
des sons aussi mélodieux. Quels ne fu-
rent pas sa surprise et son trouble, lorsque, au travers d'une espèce de voile
peu avancé, il aperçut les traits les plus
beaux et les plus doux! Une physionomie
angélique annonçoit la sensibilité, l'esprit, la finesse et la modestie réunis

d'une manière enchanteresse. La messe
finit; la jeune fille se leva pour sortir
avec ses compagnes; sa taille, sa démarche, son air, ses manières affectueuses avec celles qui l'entouroient,
achevèrent de charmer le comte. Il sortit, il la vit sur l'esplanade de l'ermitage,
à l'ombre d'un chêne vert, à côté de
deux vieilles femmes, et occupée à regarder les danses qui se formoient. Ellival étoit immobile, il ne pouvoit ni
avancer ni s'éloigner; une force irrésistible le retenoit non loin de Caroline,
car c'étoit elle qui étoit venue à la fête
avec Mathurine et Elisabeth. Le hasard
fit qu'elle leva ses beaux yeux sur le
comte; leurs regards se rencontrèrent;
et à l'instant, une rougeur subite auroit
appris à chacun le trouble intérieur qu'ils
éprouvoient, si leur agitation même et
le sentiment inconnu qui s'emparoit de
leurs cœurs, ne les eussent empêchés de
la remarquer. Caroline baissa les yeux, et

bientôt Gervais vint la prendre pour
danser. Ellival se mêla dans la foule,
mais ne perdit jamais de vue la belle
danseuse Sa légèreté, sa grâce naturelle,
la précision de ses mouvemens rendoient
à chaque instant plus profondes les im-
pressions qu'il venoit de recevoir. A mesure qu'il contemploit Caroline, un feu
secret et nouveau pour lui s'allumoit de
plus en plus dans son âme; il sentoit déjà
vivement qu'il aimoit, et sa flamme lui
paroissoit pure comme la vertu. Impatient
de connoître le nom de celle qui venoit
de lui inspirer une affection si douce
et bientôt si puissante, combien de fois
il ouvrit la bouche pour le demander! Et
jamais il n'osa achever une question qu'arrêtoit une espèce de respect religieux.

Caroline, après avoir dansé avec Gervais et avec plusieurs autres jeunes villageois, vint se reposer auprès de Mathurine et d'Elisabeth; les nouvelles
nuances de rose dont sa légère fatigue

coloroit son teint si blanc et si pur, ajou-
toient à tous ses charmes, et achevèrent
de transporter Ellival. Plus d'une fois
ses regards tombèrent à la dérobée sur
le comte, mais ils se détournèrent avec
la simplicité de l'innocence, lorsqu'ils
rencontrèrent ceux du beau voyageur.

Peu de momens après, elle prit, avec
Mathurine, Elisabeth et Gervais, le chemin de la chaumière; le jeune comte la
suivit long-temps des yeux; il crut remarquer que deux fois elle se retourna
vers l'ermitage, et qu'au moment où le
chemin s'enfonçoit dans le bois, elle jeta
comme un dernier regard de son côté.
Son âme fut ravie. Il s'assit sur le mon-
ticule d'où il l'avoit vu disparoître; et, les
yeux toujours tournés vers l'endroit où il
avoit cessé de la voir, il fut long-temps
dans une sorte d'extase où le nombre, la
force et la variété des sensations qui le
dominoient, ne lui permettoient d'é-
prouver qu'un mélange d'admiration vive,

d'affections douces, d'inquiétude secrète, de désirs ardens, de craintes violentes, d'espoir enchanteur. Il n'avoit aucune idée nette, aucun sentiment distinct, aucune volonté déterminée ; mais il n'auroit pas donné pour to s les biens de la terre le bonheur dont il jouissoit. Il se leva cependant et reprit tout pensif la route de Hyères. Ne pouvant pas suffire à tous les mouvemens qui agitoient son cœur, tantôt en descendant la montagne, il pressoit sa marche, s'élançoit de joie, étoit radieux d'espérance ; tantôt, suspendant sa course, et cherchant, mais en vain, à calmer le feu qui l'animoit, il regardoit de loin l'ermitage, l'église, l'esplanade, s'asséyoit sur une roche, fermoit les yeux, rappeloit avec délices tout ce qu'il avoit vu, et son transport recommençoit.

L'obscurité du soir changea en partie l'expression de ses sentimens, mais ne les modéra pas ; elle ajouta seulement des illusions nouvelles à ses heureuses rêveries. Lorsqu'il arriva à Hyères, la nuit étoit déjà avancée; il se retira dans son appartement, où, pendant son sommeil, des songes favorables lui retracèrent le bonheur dont il avoit joui.

Le lendemain il résolut de chercher celle qu'il aimoit déjà si passionnément, mais dont il ignoroit le nom, l'état et la demeure. Il repassa par l'ermitage, prit le chemin que sa bien-aimée avoit suivi en se retirant, s'avança dans le bois, rencontra plusieurs routes, les parcourut l'une après l'autre à d'assez grandes distances, mais ne vit ni celle qu'il cherchoit, ni le jeune homme qui l'avoit suivie, ni l'une ou l'autre des vieilles femmes qui l'avoient accompagnée.

Caroline s'étoit retirée silencieuse et pensive. A peine, sur la route de l'ermitage à sa chaumière, avoit-elle répondu quelques mots aux questions que Mathurine lui avoit adressées; mais, comme si

elle avoit craint de manquer à la tendresse
et à la reconnoissance, le son de sa voix
étoit plus doux, et ses paroles étoient plus
affectueuses qu'à l'ordinaire. Elle se cou-
cha de bonne heure, mais son sommeil
fut presque toujours interrompu. Elle ne
pouvoit se rendre compte de ce qu'elle
éprouvoit. C'étoit un mélange de joie,
de tristesse, d'agitation, d'inquiétude ;
elle souffroit, et cependant elle se trouvoit heureuse bien plus qu'elle ne l'avoit
jamais été. « Quel est ce jeune homme
« qui n'a jamais cessé d'avoir les yeux sur
« moi? Son cœur doit être sensible. Heu-
« reuse celle qu'il aimera ! » Tous ses
traits se représentoient à elle ; et, pour peu
qu'un léger sommeil fermât ses yeux,
elle le voyoit lui sourire et jeter sur elle
le regard le plus tendre. Cette image la
charmoit, au moment de son réveil, et
bientôt après elle la troubloit, l'impor-
tunoit, l'effrayoit, et, néanmoins, il lui
étoit impossible de l'écarter.

3*.

Le jour dissipa sa douce illusion, mais l'empreinte brûlante resta dans son cœur; elle reprit son travail et ses lectures habituelles; mais combien elle se trouva différente d'elle-même! Elle se sentoit à chaque instant préoccupée, distraite, et presque ennuyée. Rien ne lui plaisoit dans les livres qu'elle s'efforçoit de lire, que l'expression des sentimens tendres, que la peinture des affections profondes; que le tableau des malheurs que les passions entraînent. Insensiblement une rêverie irrésistible s'emparoit d'elle; et, se laissant aller à l'idée qui maîtrisoit son âme, succombant, sans nouveau combat, au poids qui l'accabloit, elle passoit, lorsqu'elle étoit seule, les heures entières à ne rien voir, à ne rien entendre, à ne rien rappeler que de vague, les yeux fixés machinalement sur l'herbe agitée par le vent, ou sur l'eau d'un ruisseau qui s'échappoit vers la prairie.

~~~~~~

CHAPITRE IX.

Chaque jour Ellival recommençoit en vain ses recherches. Il n'en vouloit confier l'objet à personne ; mais il parcouroit aux environs de Hyères tous les endroits où il pouvoit espérer de rencontrer Caroline. Il arriva un jour à l'ermitage de la Vierge. La porte de l'église étoit ouverte, il entra ; il n'y avoit personne. Il s'approcha de l'endroit où il avoit vu, où il avoit entendu la belle inconnue. Il s'y arrêta long-temps ; il pria ; il examina tout autour des chapelles les monumens grossiers et touchans consacrés par la piété reconnoissante à un Dieu de bonté et à une Vierge de miséricorde. Il s'attendrit, il pensa à sa destinée ; il n'osoit réfléchir au sort qui l'attendoit ; ce vœu si cher et

si ardent que son cœur commençoit à former, il n'osoit le proférer dans ce lieu
saint; il n'osoit l'adresser à la Divinité.

La jeune fille qu'il a vue, est-elle celle
qui doit faire le bonheur de sa vie? Qui
est-elle? Quelle est sa famille? Sa vertu,
sa bonté, égalent-elles sa beauté? Que
diront ceux qui ne voudroient voir dans
son épouse qu'une de leurs égales? Que
dira le monde?

Il se prosterna, pria encore, et resta à genoux, absorbé dans ses réflexions. Un bruit
léger se fit entendre: Ellival se retourna, et
vit l'ermite qui s'avançoit vers lui. Ils sortirent ensemble; et, assis tous les deux sur un
banc de pierre d'où l'on apercevoit une
grande partie de la contrée, ils s'entre-
tinrent d'abord de la beauté du climat.
« Vous menez ici une vie tranquille, mon
« père, dit Ellival; — et heureuse, mon-
« sieur. — Vous êtes souvent seul dans cet
« asile. — Oui, monsieur; mais je m'en
« aperçois à peine; je travaille pour mes

« besoins, et pour ceux de quelques mal-
« heureux qui, de temps en temps, ont
« recours à la Vierge ; j'ai soin de cette
« église ; je prépare ce qui est nécessaire
« pour les saints sacrifices ; je cueille les
« fleurs des champs, pour orner l'autel
« et les statues ; je prie celui qui bientôt
« m'appellera dans son sein paternel ; je
« bénis ses bienfaits ; et lorsque son ton-
« nerre éclate sur les mers, je l'implore
« pour les navigateurs que le danger me-
« nace. — Vous avez eu une grande fête,
« il n'y a que peu de jours. — Oui, mon-
« sieur : plusieurs fois dans l'année, la
« Vierge reçoit les prières et les offrandes
« des fidèles. — On a chanté pendant la
« messe des cantiques pieux. — C'est un
« ancien usage qui ajoute à la ferveur des
« âmes religieuses. — C'étoient de jeunes
« filles qui chantoient. — Elles sont plus
« recueillies que les jeunes garçons. —
« Une, surtout, m'a frappé par la
« beauté de sa voix. — Je ne l'ai pas re-

« marquée. — C'étoit celle qui chantoit
« de temps en temps en seul. — On
« choisit toujours la plus sage pour cet
« honneur. — Vous ne savez le nom d'au-
« cune de ces jeunes filles. — Non, mon-
« sieur. » L'ermite offrit ensuite à Ellival du pain et des fruits de son petit jar-
din, le quitta, et alla fermer la porte de
l'église, sonner une prière pour les gens
de la campagne, et continuer ses travaux
ordinaires.

Ellival admira cette résignation, ce calme,
cette candeur; mais bientôt toutes ses pensées se dirigèrent vers celle qu'il ne peut
retrouver. Il envie le sort des deux femmes
qu'il a vues avec elle; il envie celui du
jeune homme; « Il est bien, se dit-il à
« lui-même... » et à l'instant son cœur se
serra. « Tous les jours auprès d'elle, la voir,
« l'entendre, lui parler, travailler avec
« elle.... Si ce n'étoit pas son frère.....
« que je suis malheureux !.... Vraisem-
« blablement ils ont été élevés ensem-

« ble... ils s'aiment peut-être... Comment
« la voir si long-temps sans l'aimer?....
« Repoussons ces funestes idées ». Il
part et regagne Hyères avec précipitation. Quelquefois il désire cette félicité
paisible dont l'ermite jouit; mais à l'instant, il s'écrie : « Non, c'est celle de la
« tombe; il ne peut être de bonheur pour
« moi qu'avec celle que j'adore. »

CHAPITRE X.

LE jeune comte dirigeant un jour sa
promenade sur la route charmante qui
conduit de Hyères à la rade du même
nom, arriva au pont qui traverse la rivière
du *Gapeau.* Il passe cette rivière ; mais,
au lieu d'aller ensuite vers la mer, il remonte le long de la rive gauche du fleuve.
Il se plaît sur le bord de cette eau rapide ; et, à l'ombre des peupliers si élevés
et si touffus qu'elle arrose, il s'y assied sur
le gazon, et pense à son amour. Bientôt
il se relève, et continue de suivre le chemin vert, ombragé et fleuri qui convient
si bien à sa douce rêverie. Il arrive auprès
d'une petite chaumière. Un enfant est
assis sur le seuil de la porte, il l'interroge ; il apprend que sa mère, veuve,
âgée, et pauvre, est dans son lit malade

depuis quelques jours, et qu'elle attend
la jeune personne qui vient chaque matin la soigner, la consoler, la soulager.
Ellival, entraîné par sa bienfaisance et son
humanité, entre dans la chaumière, s'approche du lit; et, entr'ouvrant les rideaux :
« Pardonnez - moi, madame, si je vous
« dérange; mais votre enfant vient de me
« faire connoître votre état de souffrance;
« et je n'ai pu résister à l'envie de vous of-
« frir mes services. — Je vous remercie
« de votre bonté, monsieur. Je suis en
« effet bien malade; et depuis que, ne
« pouvant pas quitter mon lit, je n'ai
« plus de moyens de gagner ma vie et
« celle de mon enfant, je serois bien mal-
« heureuse, si le hasard n'avoit pas amené
« auprès de moi une jeune personne ar-
« rivée depuis peu dans ce pays; elle est
« belle comme un ange; mais sa bonté
« est encore au-dessus de sa beauté; chaque
« jour elle vient, malgré l'éloignement de
« la maison qu'elle habite, me prodiguer

« des soins que mon enfant trop jeune
« encore ne peut pas me donner. Elle
« m'apporte tout ce dont j'ai besoin ; elle
« prépare ce que je dois prendre ; elle
« instruit mon enfant de tout ce qu'il doit
« faire auprès de moi pendant son ab-
« sence; et, pour me consoler, elle me
« lit l'évangile. — Comment nommez-
« vous cette jeune personne? — Caro-
« line, monsieur. — Elle n'a point d'autre
« nom ? — Je l'ignore; je n'ai pas pensé
« à le lui demander. — Où demeure-
« t-elle? — Chez une femme nommée
« Mathurine, dans la vallée qui est au-
« dessous de l'ermitage de la Vierge,
« de l'autre côté de la ville. — De l'er-
« mitage de la Vierge ? — Oui, mon-
« sieur. — Et son nom est Caroline? —
« Oui, monsieur. — Tranquillisez-vous
« le plus que vous pourrez, madame; je
« viendrai vous revoir; et, en attendant,
« acceptez ce que je vous offre. » Ellival
lui mit dans la main plusieurs pièces

d'or, et allait sortir avec précipitation, lorsque l'enfant accourut tout joyeux, et en disant : « Ma mère, voilà Caroline. » Ellival, hors de lui-même, voit en effet entrer Caroline, et reconnoît la jeune personne qu'il a vue à la fête et qu'il a depuis cherchée avec tant d'ardeur. A peine Caroline a-t-elle vu le jeune homme de l'ermitage, qu'elle s'arrête saisie d'étonnement, rougit, baisse les yeux, est près de se trouver mal, s'appuie sur une chaise, mais, faisant à l'instant un grand effort sur elle-même, salue Ellival sans le regarder, s'approche de la malade, et d'une voix tremblante : « Eh bien, « Germaine, comment vous trouvez- « vous ? — Toujours mieux quand je « vous vois, mon enfant. Monsieur, voilà « cet ange dont je vous ai parlé, et « sans lequel je serois morte, et mon pau- « vre fils aussi. Caroline, voyez ce que « monsieur a bien voulu me donner. Je « n'ai pas pu le remercier encore, ce bon

« monsieur; remerciez-le pour moi , Ca-
« roline. Mon fils, embrasse ses genoux.
« Je suis riche à présent, monsieur; bien-
« tôt je ne serai plus malade ; mon fils
« vivra; monsieur, jouissez de votre ou-
« vrage , et que Dieu vous bénisse à ja-
« mais ! » Ellival et Caroline ne peuvent
plus supporter ce qu'ils éprouvent; leurs
regards se rencontrent , se détournent,
se cherchent, et se détournent de nouveau; ils balbutient quelques mots l'un et
l'autre ; leur trouble s'accroît à chaque
instant; mais la pauvre Germaine est trop
agitée par son bonheur inattendu, pour
s'en apercevoir. Que le bonheur d'Ellival
est bien plus grand encore ! Il caresse
l'enfant, pendant que Caroline tire de
dessous son tablier la soupe qu'elle porte
à Germaine, la lui présente , la lui sert,
soulève la malade, la recouche , sent que
ses genoux fléchissent, que sa tête se perd,
que sa vue s'affoiblit, et , s'apercevant cependant qu'Ellival remarque ce qu'elle

éprouve, et va voler à son secours, reprend une force nouvelle, dit à Germaine qu'elle reviendra bientôt, fait à Ellival une révérence timide, embrasse l'enfant, sort, et s'éloigne avec vitesse. Ellival ne sachant plus ce qu'il voit, ce qu'il fait, ce qu'il dit, prend sur lui autant qu'il le peut, pour faire aussi ses adieux à Germaine, embrasse plusieurs fois son fils, et revenant lentement vers Hyères, voit de loin Caroline qu'il brûle et qu'il redoute de suivre, mais que son regard accompagne jusqu'à l'instant où il la perd entièrement de vue. Il s'assied alors sur la berge de la route; il n'ose ni réfléchir, ni s'interroger. Il craint de détruire une illusion trop heureuse. Il ne veut que sentir; il ne veut que jouir de la félicité suprême. Il a revu Caroline; elle lui a parlé; un coup-d'œil lui a dit qu'elle le reconnoissoit; son regard, son agitation, la palpitation de son cœur, son embarras extrême, sa foiblesse soudaine, son

départ précipité, la joie qu'il croit avoir
remarquée dans ses yeux.... L'espoir lui
seroit-il permis ? Pourroit-il être un jour
aimé? Qu'un jour elle lui dise qu'elle
l'aime, et il mourra content.

Caroline s'avançoit cependant vers l'habitation de Mathurine. Mais quel charme
nouveau tous les objets ont pour elle!
Ce regard d'Ellival, ce son de voix, sa
bonté, le peu de mots qu'il a dits.....
tout porte dans son âme une affection aussi
vive qu'inconnue, un contentement secret, un épanouissement céleste. « Comme
« il a caressé le jeune enfant de Ger-
« maine!.... Comme son regard étoit
« touchant, lorsqu'il se portoit sur cette
« pauvre malade ! Il lui a donné plusieurs
« pièces d'or... Il est donc très-riche...
« Ah ! s'il étoit ce jeune comte arrivé
« depuis peu de temps à Hyères... Mal-
« heureuse Caroline ! que deviendrois-
« tu ? » Et s'appuyant contre un arbre, et
tenant sa tête dans ses mains, elle fondit
en larmes.

CHAPITRE XI.

L'ISTHME qui réunit la presqu'île de Gien au territoire de Hyères, renferme un immense étang qui communique avec la mer, et dont les eaux salées nourrissent une grande quantité de poissons. Les oiseaux d'eau se plaisent sur sa surface, et les habitans de Hyères et des environs y vont souvent jouir du plaisir de la chasse et de celui de la pêche. Ellival avoit été invité à faire partie d'une de ces compagnies que certaines saisons amènent sur les bords de l'étang pour s'y embarquer sur de petits bateaux légers dans leurs mouvemens, et qu'une seule rame ou une voile peu étendue conduisent avec facilité. On pêchoit avec succès depuis quelques heures, et plusieurs habitans des maisons voisines de la mer, particulièrement des femmes, de jeunes filles et de petits enfans, s'étoient approchés des bords de l'eau, attirés par cette sorte de spectacle toujours intéressant pour eux. La nacelle dans laquelle Ellival était dans ce moment, seul avec un pêcheur, s'approche, pour ne pas laisser échapper la proie qu'elle poursuivoit, d'une partie du rivage, au-devant de laquelle s'élevoient un peu au-dessus des flots, des groupes de rochers qui s'avançoient dans l'étang, et s'y terminoient par des places vaseuses et couvertes de joncs épais. Poussée par un coup de vent inattendu, elle donne contre une roche cachée, et chavire. Ellival tombe dans l'eau avec le pêcheur qui, embarrassé dans la vase, les joncs et les hautes herbes, ne peut faire aucun mouvement; et, comme il ne sait pas nager et qu'il est entraîné par la vague dans un gouffre formé à l'extrémité de la chaîne de rochers qui s'avancent dans l'étang, il va succomber et périr avant qu'on n'ait le temps d'aller jusqu'à lui et de le sauver.

De tous les côtés on s'effraie, on s'émeut, on crie au secours; mais pendant que chacun hésite, incertain de ce qu'il peut faire, une jeune fille qui étoit venue, avec ses compagnes, voir la pêche, s'élance vers les rochers, saute de l'un sur l'autre, malgré la violence des flots, et, avec la rapidité de l'éclair, parvient au bout de la chaîne, se penche vers le tourbillon, s'accroche d'une main à quelques joncs, et, avançant l'autre avec vitesse, saisit Ellival par son habit au moment où il alloit être englouti, et, le retenant avec un effort presque surnaturel, demeure inclinée et suspendue au-dessus de l'abîme et au milieu de vagues écumantes.

Des cris d'étonnement, de terreur, d'admiration et de joie partent à l'instant du rivage; plusieurs matelots, honteux d'avoir été prévenus par une jeune fille, et enhardis par son noble dévouement, suivent son exemple et ses traces.

4

On dégage le comte et la jeune personne
qui, lorsqu'elle voit que le comte est
sauvé, et que son secours ne lui est plus
nécessaire, se laisse aller sur une roche
et se trouve mal. On se hâte de les porter
l'un et l'autre dans la maison du pêcheur,
qui n'étoit que très-peu éloignée. Le comte
étoit aussi sans connoissance. On le dépose sur un lit; on s'empresse autour
de lui; on lui prodigue tous les secours
dont on peut disposer; il ouvre les yeux,
revient insensiblement à lui, demande
par quel hasard il est dans cette chambre
qu'il regarde avec étonnement, pourquoi
il est couché, pourquoi on l'entoure; on
lui apprend le danger qu'il vient de courir, le dévouement courageux d'une jeune
fille..... Il se soulève avec vivacité, il veut
qu'on le conduise à l'instant vers celle à
laquelle il doit le jour; on tâche en vain
de le retenir; on le soutient; et, plein d'un
juste impatience, il va dans la chambre
voisine, où sa libératrice étoit sans sen-

timent sur une espèce de banquette qu'on
avoit couverte d'un matelas.

La pâleur de la mort étoit sur la figure
de cette jeune fille; des cheveux en dé-
sordre cachoient une partie de ses traits,
et cependant sa beauté paroissoit céleste. Ellival entre, la voit, la reconnoît.... « Caroline, Caroline! s'écrie-t-
« il, vous m'avez sauvé la vie! » Il se précipite à ses pieds, et, dans le transport
qui l'anime, pose ses lèvres sur la main
glacée de celle qui est devenue pour lui
comme une divinité. Le silence et l'im-
mobilité de Caroline le frappent de terreur; il l'appelle, l'appelle encore, mais
en vain. Mathurine et Élisabeth con-
tinuent d'essayer sans succès tout ce qui
peut la rendre à la vie; leur inquiétude est
au comble; la consternation est peinte sur
tous les visages. « Caroline! Caroline! »
dit encore Ellival d'une voix concentrée,
et le désespoir dans l'âme.... « Qui m'ap-
« pelle? » répond-elle si bas qu'à peine on

4.

peut l'entendre; « il est sauvé, je meurs
contente; » et elle cesse de parler.

On se presse autour d'elle, on gémit,
on déplore son sort ; Ellival est dans
l'égarement. Une vieille femme, accou-
tumée à servir des malades, donne cependant quelque espérance ; elle indique
ce qu'il faut faire : on forme une sorte
de lit avec des branchages, on y place
Caroline, on la porte vers sa chaumière;
Mathurine et Elisabeth sont à ses côtés;
les assistans les précèdent, les entourent
ou les suivent; on veut donner à Ellival quelques consolations, il les repousse;
et, morne, sans proférer ni gémissement
ni plainte, placé derrière le brancard,
la tête inclinée au-dessus de celle de Caroline, il ne cesse d'avoir les yeux atta-
chés sur les traits de celle que peut-être
il voit pour la dernière fois.

On arrive à la maison de Mathurine.
Caroline est portée sur son lit; les étran-
gers se retirent; ils veulent emmener El-

lival; mais rien ne pourroit le faire éloigner de celle qui a donné sa vie pour lui;
dans sa douleur profonde, il reste debout au pied du lit de Caroline; ses bras
sont croisés sur sa poitrine oppressée, ses
yeux s'enflamment, son regard se trouble, il n'interroge ni ne répond.

Le médecin chez qui Gervais avoit
couru de toutes ses forces, arrive, examine, ordonne, cherche à cacher son
inquiétude, examine de nouveau, ordonne encore, commence enfin à se rassurer, et la sérénité qui renaît sur sa
figure passe dans l'âme de tous les spectateurs. Ellival seul n'ose se livrer à aucune espérance; mais insensiblement
Caroline éprouve les heureux effets des
secours que le médecin lui a prodigués;
une douce rougeur colore ses joues na-
guère si pâles; sa respiration devient plus
forte; elle se ranime, ouvre les yeux,
a l'air de chercher autour d'elle, se soulève, aperçoit Ellival qui, dans l'attente

de la vie ou de la mort, n'ose respirer; elle sent à l'instant son cœur palpiter avec violence, éprouve le besoin si pressant et si doux de tranquilliser celui qu'elle vient d'arracher à la fureur des flots, et qu'elle veut sauver une seconde fois, et lui jette un de ces coups d'œil magiques que l'amour seul peut donner et recevoir.

Ellival transporté est près de se précipiter aux pieds de celle qui lui est rendue, d'embrasser le médecin, de se livrer à tout le délire de sa joie. Il se retient cependant; une crainte qu'il n'avoit pas conçue au milieu de sa douleur, l'arrête; il ne veut pas manifester le feu qui le dévore, il désire que Caroline seule le connoisse, et que la plus profonde reconnoissance soit le seul sentiment qu'il laisse paroître; il se contente de mêler l'expression du plus grand contentement aux témoignages de la joie bien vive qu'éprouvent tous les spectateurs; il remercie le médecin, félicite Mathurine,

annonce qu'il reviendra le lendemain de
bonne heure ; mais, s'approchant de Caroline, il lui dit du ton le plus pénétré :
« Belle et admirable Caroline, accordez
« à vos amis de tout faire pour l'entier
« rétablissement d'une santé qui leur est
« si chère, et n'oubliez jamais que je
« vous dois la vie. » Caroline le salue
avec un doux sourire ; et, lorsqu'il est
parti, combien elle témoigne de sensibilité
et d'affection à Mathurine, au médecin,
à Elisabeth, à Gervais, à tous ceux qui
sont autour d'elle !

La nuit vint : Caroline demanda d'être
seule ; son accident n'avoit été que l'effet
d'un saisissement violent, et elle étoit
trop heureuse, et son âme trop calme,
pour que le sommeil le plus paisible ne
vînt pas achever de la rendre à la santé.
Lorsqu'il cessa, ce sommeil si bienfai-
sant : « Je l'ai sauvé, » se dit Caroline
à elle-même, et son âme se remplissoit
de bonheur. Aucune autre pensée ne

pouvoit se présenter à elle ; sa félicité étoit pure et complète, rien ne pouvoit encore l'altérer.

Mathurine et Elisabeth entrèrent dans sa chambre ; elle voulut se lever ; et n'éprouvant aucune douleur, ressentant à peine une légère foiblesse, elle alla avec Elisabeth et Mathurine au-devant du médecin ; il les rencontra sous les oliviers voisins de leur chaumière, approuva la promenade que Caroline avoit voulu faire, assura que son accident n'auroit aucune suite, et alloit se retirer lorsque Ellival arriva.

« Monsieur le comte, lui dit le méde-
« cin, vous voyez que votre libératrice se
« porte aussi bien que nous devons tous
« le désirer. » Ellival témoigna à Caroline l'heureuse surprise, la joie, la reconnoissance qu'il éprouvoit ; il n'osa rien ajouter de plus ; mais que ne dirent pas ses yeux ? Caroline ne lui répondit que quelques mots entrecoupés ; sa rou-

geur, son embarras étoient extrêmes ;
elle le regarda de l'air le plus tendre ; mais
sentant qu'elle ne pouvoit plus retenir
ses larmes ; elle baissa les yeux , prétexta
un reste de légère foiblesse , demanda la
permission de rentrer dans la chaumière,
salua Ellival et le médecin , jeta un nouveau regard sur le comte, et s'éloigna.

Ellival contempla sa taille si svelte ,
sa démarche si gracieuse, ses cheveux si
beaux ; il dit à Mathurine et au médecin
ce que lui inspiroit le cœur le plus généreux et le plus pénétré de gratitude , et
que sa noble délicatesse l'avoit forcé à
taire en présence de Caroline ; et, malgré
l'envie extrême qu'il avoit de ne pas s'éloigner de la chaumière, il crut devoir partir
avec le médecin , et retourner à Hyères.

Caroline venoit d'être frappée d'un trait
bien cruel. Plus de doute pour elle. Ce
jeune homme qui l'a tant intéressée , qui
la chérit, qu'elle aime , à qui elle a eu
le bonheur de sauver la vie , est ce comte

4*

d'Ellival , arrivé depuis peu à Hyères, et
dont on vantoit partout la naissance et la
fortune. « Malheureuse Caroline ! pour-
« quoi l'ai-je vu ? Quelle espérance pour-
« roit être la mienne ? Une distance im-
« mense nous sépare à jamais. Bientôt il
« partira de Hyères ; je ne le verrai plus ;
« il oubliera facilement une pauvre or-
« pheline dont les regrets et la tristesse
« seront le seul partage. » Ce poids affreux reposoit sur son cœur. « N'im-
« porte , je l'ai sauvé ; ce souvenir fera
« la consolation de ma vie. » Et les larmes
qu'elle versa en abondance la soulagèrent
un peu.

CHAPITRE XII.

ELLIVAL, agité par un grand nombre de
sentimens divers, aimoit à se promener
souvent sur le sommet des monts qui environnent la fertile plaine de Hyères.
Dans une de ces belles matinées de la
plus belle des saisons, il avoit gravi jusqu'au plus haut de la montagne sur laquelle la ville est située. Il s'y assit sur
une roche sauvage, entourée d'acanthe,
au milieu des ruines de l'antique château
où le roi René aimoit à séjourner. Plus
bas, mais assez près, d'autres ruines rap-
peloient un de ces asiles sacrés, où la
vertu, la beauté, l'innocence et le malheur alloient chercher, auprès de la piété,
un réfuge contre les orages de la vie hu-
maine. Plus loin la vue s'étendoit sur la

ville de Hyères, ses jardins enchanteurs,
ses maisons de campagne charmantes,
ses prairies, ses champs, ses vignes, ses
bois d'oliviers de mirtes et de pins, ses
îles fameuses, ses trois rades et la mer
immense qui se prolongeoit pour ainsi
dire à l'infini, en se confondant avec un
ciel d'azur. L'image du dépérissement des
ouvrages de l'homme, et du peu de durée
de ses institutions, et la beauté toujours
nouvelle des grands monumens de la puissance de la nature, formoient, dans ce
magnifique spectacle, un contraste frap-
pant, bien propre à inspirer de sublimes
méditations. Quel effet il dut produire sur
l'âme d'Ellival, si profondément émue,
et par conséquent si susceptible des plus
grandes pensées et des sentimens les plus
élevés! « Que sont devenus les posses-
« seurs de ces antiques demeures? Que
« sont devenues ces tours si menaçantes
« et si redoutables? Que sont devenues
« les couronnes de leurs maîtres, leur

« puissance, leurs richesses, leur renom-
« mée ? Voilà quelques monceaux de
« pierres que les élémens achèvent de dé-
« truire, qui ne retracent aucun nom, qui
« ne rappellent aucune gloire. Tout le
« reste a disparu ; et si René n'avoit pas
« été bon, on ignoreroit que ses pas ont
« foulé ces roches sur lesquelles je re-
« pose. O vanité des grandeurs humai-
« nes !... Ah ! du moins, dans cette re-
« traite consacrée par la religion, les
« larmes qu'un pieux repentir ou un sen-
« timent sans espoir ont fait répandre
« au pied des autels, ont eu leur récom-
« pense dans le ciel. »

Tels étoient les objets sur lesquels Ellival méditoit en silence, lorsqu'il entendit
plusieurs pierres rouler derrière la masse
de rochers contre laquelle il étoit appuyé.
En même temps, un cri d'effroi retentit
jusqu'au fond de son cœur. Il se leva, se
fit jour à travers les broussailles, fit le
tour du rocher, et vit Caroline qui se re-

tenoit avec peine le long d'une pente rapide. Il courut à elle, lui donna la main,
l'amena auprès de la roche qu'il venoit de
quitter, l'engagea à s'asseoir un moment,
et s'assit auprès d'elle. « Par quel heureux
« hasard, Caroline, vous rencontré-je
« sur des monts si escarpés ? — Mathu-
« rine m'avoit envoyée porter quelques
« oranges à une de ses amies qui habite
« sur le revers de ces montagnes ; j'ai
« voulu, en revenant, abréger ma route;
« j'ai gravi contre ces rochers. — N'êtes-
« vous pas blessée ? — Non, j'ai senti que
« je glissois, que j'étois entraînée ; j'ai eu
« peur ; mais voilà tout. — Mathurine est-
« elle votre mère ? — Non, mais elle m'en
« tient lieu ; elle était parente de ma mère ;
« elles s'aimaient bien tendrement. — Y
« a-t-il long-temps que vous l'avez perdue,
« votre mère ? — Il n'y a pas encore un
« an, » et Caroline ne put retenir ses
pleurs. « Elle est morte auprès de l'Al-
« sace, où elle alloit recueillir une suc-

« cession. Ah ! lorsque je n'ai été que
« trop sûre de mon malheur, je n'ai pu
« supporter plus long-temps la vue de la
« vallée où elle m'avoit élevée avec tant
« de bonté. Je n'ai pas voulu, d'ailleurs,
« être plus long-temps à charge à une pau-
« vre femme à qui elle m'avoit confiée
« en partant, et je suis venue à Hyères,
« auprès de Mathurine la bonne amie
« de ma mère. — Et votre père étoit mort
« depuis long-temps ? — Je ne l'ai jamais
« vu. Ma mère ne m'en parloit jamais
« qu'en s'attendrissant et en me serrant
« dans ses bras ; elle n'avoit d'autre bon-
« heur que de penser à lui. — Et com-
« ment se nommoit votre père ? — De-
« sormes. — Desormes ? — Oui. — Quel
« étoit son état ? — Je l'ignore ; je ne l'ai
« jamais demandé. — Et Mathurine, est-
« elle contente de son sort ? — Chaque
« jour elle remercie le ciel de ce qu'il
« lui a donné les moyens de faire du
« bien à ceux qui ont moins de fortune

« qu'elle. — Elisabeth est-elle sa sœur ?
« — Non, c'est son amie. — Et ce jeune
« homme que j'ai entendu nommer Ger-
« vais ? — C'est le fils d'Elisabeth. — Il
« est aimable, Gervais ? — Il est bon ; il
« est comme sa mère. — J'ai vu beau-
« coup de livres dans votre maison. — Ils
« appartenoient au mari de Mathurine,
« brave militaire retiré, et qui avoit reçu
« une très-bonne éducation. — Les lisez-
« vous quelquefois, Caroline ? — Aussi
« souvent que je le puis. Ils m'appren-
« nent à sentir plus vivement toutes les
« obligations que j'ai à Dieu, à ma mère
« et à Mathurine. — Gervais lit-il quel-
« quefois avec vous ? — Non, ses oc-
« cupations ne le lui permettent pas. »
— Ellival n'osoit pas continuer ; il hésitoit, commençoit, hésitoit encore. Combien, cependant, il brûloit de parler !
Il alloit enfin céder au sentiment qui le
consumoit, déclarer son amour, tomber
aux pieds de sa bien-aimée, lui jurer

une fidélité éternelle , lorsque Caroline ,
se levant avec précipitation , le regarda ,
lui sourit avec un air de bonté et de candeur célestes. « L'heure avance ; Mathu-
« rine m'attend ; je me suis assez reposée ;
« adieu , monsieur , je vais à la chau-
« mière : » et elle descendit la montagne
en courant avec la légèreté d'une nym-
phe , entra dans les rues de la ville qu'elle
devoit traverser , et disparut aux yeux
d'Ellival.

Le jeune comte, saisi d'étonnement
et de plaisir , resta long-temps immobile
sur la roche où Caroline venoit d'être assise auprès de lui ; et, revoyant sans cesse,
dans sa rêverie , le sourire enchanteur
qui avoit accompagné l'adieu de Caroline,
il se retira lentement , en se retournant
bien souvent vers la roche fortunée.

CHAPITRE XIII.

PLUSIEURS jours s'étoient écoulés sans qu'Ellival eût rencontré Caroline, ni osé aller à la chaumière de Mathurine. Il s'embarqua au port des Salines, avec quelques personnes de sa connoissance, pour aller visiter l'île de Portecross. Il s'y promena long-temps, jetant sans cesse les yeux du haut des rochers de l'île, sur cet ermitage de la Vierge qui dominoit sur la mer, et où il avoit vu Caroline pour la première fois. Le soleil étoit près de se coucher. Tout d'un coup le ciel se couvrit de nuages; le vent changea, devint contraire au retour de Portecross à Hyères, et commença de souffler avec violence. Les mariniers avertirent Ellival, et ceux qui l'avoient accompagné, de la nécessité de se rembarquer bien vîte , afin de prévenir la tempête qui menaçoit. Plusieurs heures étoient d'ailleurs nécessaires pour arriver, malgré le vent contraire , au port des Salines , et une nuit obscure étoit près de régner sur les flots agités. Ellival descendit vers le rivage. Au moment où il entra dans sa barque , il aperçut , à peu de distance , trois femmes et un jeune homme dans une petite chaloupe qui venoit de lever l'ancre , et cherchoit , à force de rames , à s'avancer du côté des Salines. Il reconnut bientôt Caroline avec Élisabeth , Mathurine et Gervais. La barque se mit aussi en mouvement , et , suivant la même direction que la chaloupe , en restoit presque toujours très-peu éloignée. La force du vent augmentoit cependant à chaque instant ; les vagues s'amonceloient au-devant des petits bâtimens , et opposoient à la traversée un obstacle que les matelots avoient bien de la peine à surmonter. Caroline et ses deux compagnes

paroissoient effrayées. Le jeune Gervais
s'empressoit autour d'elles. Il n'étoit occupé que de leur danger et de leurs
craintes. Que n'auroit pas donné Ellival
pour être à sa place? L'œil fixé sur la
chaloupe, il ne voyoit que Caroline et
Gervais. A la vive inquiétude que lui
donnoit ce frêle bâtiment tourmenté par
un vent impétueux et battu par des vagues
écumantes, sans cesse renouvelées, se joi-
gnoit un sentiment secret de jalousie qu'il
vouloit en vain dompter, et qui compri-
moit son cœur. La tempête étoit dans son
âme comme sur la mer. De temps en
temps, il croyoit voir Caroline le regarder
avec un intérêt bien vif; mais la terrible
jalousie avoit saisi sa proie et la déchi-
roit.

Bientôt des ténèbres épaisses couvrirent
la mer. On ne pouvoit distinguer ni la
terre, ni la chaloupe, ni les flots. Ellival,
au désespoir, s'efforça en vain de se faire
entendre de la chaloupe. Sa voix est

étouffée par le sifflement des vents et les
mugissemens des ondes. Rien ne peut
l'instruire du sort de celle qui a sauvé sa
vie. Quelquefois il croit reconnoître la
voix de Caroline qui l'appelle à son secours. Illusion affreuse ! il s'écrie, s'écrie
encore ; le bruit des vents et des flots répond seul à ses accens d'alarme. Il encourage les matelots de sa barque, les anime,
les excite par les promesses les plus généreuses, les conjure de voguer au secours
de la chaloupe. Les vents et les flots les
repoussent. Malheur, d'ailleurs, à ces
deux bâtimens, si, au milieu d'une si
violente agitation de la mer, ils s'appro-
choient trop près l'un de l'autre, et parve-
noient à se toucher ! à l'instant ils vole-
roient en éclats. Quel affreux supplice !
quelle longue agonie pour Ellival ! A
force de constance, d'habileté et de courage, la barque arrive enfin au port.
Ellival s'élance sur la plage, court à une
maison vers laquelle le guide une foible

lumière ; et quel ne fut pas son bonheur, lorsqu'il y trouva Caroline, Mathurine, Élisabeth et Gervais ! Sa présence rendit le calme à Caroline qui avoit éprouvé des alarmes aussi vives que les siennes, et qui, en lui parlant de sa reconnoissance pour l'intérêt qu'il lui témoignoit, et en exprimant, sans s'en douter, sur sa figure angélique, l'amour le plus pur et le plus tendre, l'eût bientôt dédommagé de tout ce qu'il avoit souffert. Elle se retira en- suite, avec ses deux compagnes, dans une chambre qu'on leur avoit préparée, et où elles attendirent le jour pour re- tourner à leur chaumière. Gervais passa la nuit dans un bâtiment voisin de la maison ; et le jeune comte fut ramené à Hyères, avec ses compagnons, par les voitures qui l'avoient attendu

~~~~~~

CHAPITRE XIV.

Derrière la montagne sur laquelle la ville de Hyères a été bâtie, est une vallée solitaire, étroite, bordée d'arbres et de rochers, et le long de laquelle un torrent roule ses eaux tantôt hautes, impétueuses et bruyantes, et tantôt basses, paisibles et limpides. Ellival en suivoit le cours dans un sentier ombragé. Un vieillard vénérable remontoit avec peine par ce même sentier. Un roseau soutenoit ses pas chancelans. Ses habits propres, mais usés, annonçoient sa misère. « Vous voilà bien « loin de votre demeure, respectable vieil- « lard ; aurez-vous la force d'y arriver ? — « Je l'espère, monsieur. — Et pourquoi « entreprenez - vous des courses aussi « longues ? — Vous m'inspirez la plus « grande confiance, monsieur ; le besoin

« me force quelquefois à ces courses fati-
« gantes. Je suis né riche et d'une famille
« honorée. Mes pères ont plus d'une fois
« versé leur sang pour la patrie. Moi-
« même j'ai été blessé pour elle. » Et en
écartant les cheveux blancs qui retom-
boient sur son front, il montra à Ellival
une noble cicatrice. « Le malheur a fondu
« sur moi ; l'injustice des hommes m'a
« accablé ; j'ai perdu parens, amis, for-
« tune, tout, excepté l'estime de moi-
« même. Je me suis retiré dans ce pays
« où la beauté du climat impose moins
« de besoins. J'y cache ma misère ; mais
« des âmes nobles et généreuses ont
« surpris mon secret ; elles me secourent
« autant qu'elles le peuvent par des bien-
« faits qui ne sont connus que de Dieu
« qui les récompensera, et de moi qui
« les bénis. Il en est même dans un état
« peu relevé et dans une aisance bien mé-
« diocre, à qui un bon cœur et la simple
« nature ont appris à me secourir sans

« m'humilier, et qui, au lieu de m'accor-
« der une aumône trop dure à recevoir,
« ont l'air de m'offrir comme à un père,
« et m'apportent à la dérobée ce dont elles
« peuvent disposer pour moi. Tous les
« huit jours je viens dans cette vallée. J'y
« trouve près de cette grotte que vous
« voyez d'ici, au-delà de ces saules, une
« jeune fille qui s'intéresse à moi, me
« parle, me console, s'assied auprès de
« moi, et me remet, de la part d'une de
« ses parentes, et lorsque personne ne
« peut nous voir, une petite somme qui
« m'est bien nécessaire. Puisse le ciel la
« récompenser au centuple ! »

Ellival attendri embrasse le vieillard qu'il
avoit fait asseoir sur un peu de mousse,
examine avec soin si personne ne vient,
et, se voyant seul avec lui, le force d'accepter la bourse qu'il a sur lui. « Pourriez-
« vous, bon et vénérable vieillard, me
« dire le nom de cette jeune fille ? — Elle
« se nomme Caroline Desormes, et sa

5

« parente se nomme Mathurine. Elle est
« belle comme le jour; mais que ses vertus
« l'emportent sur sa beauté! » Ellival,
profondément pénétré de ce qu'il vient
d'entendre, embrassa de nouveau le vieillard, l'aida à se relever, lui demanda la
permission de le revoir, le reconduisit
pendant une partie de sa route, et, après
lui avoir donné le bras jusqu'au plus haut
de la côte, le laissa saisi d'étonnement et
de reconnoissance.

Un nuage épais s'avançoit du côté de
l'ouest; des vapeurs s'amonceloient autour des sommets des monts voisins les
plus élevés; le tonnerre éclatoit déjà dans
les airs, et des éclairs multipliés annonçoient un violent orage. Ellival n'en voulut pas moins voir de près cette grotte
dont le vieillard venoit de lui parler, et
qui étoit si souvent visitée par sa Caroline. Il espéra avoir le temps d'aller jusqu'à cet endroit de la vallée, et même d'être
de retour chez lui, avant que l'orage ne

fût au-dessus de Hyères, et que la pluie
ne tombât. Il suivit le torrent, hâta sa
marche, et arriva bientôt à cette grotte
si intéressante pour lui. C'étoit un abri
naturel formé par plusieurs roches sur la
rive du torrent, opposée à la ville, et au
fond duquel on voyoit quelques blocs de
pierre détachés de la roche la plus voisine. Quelle douce sensation éprouva
Ellival ! Tendrement et religieusement
ému, il entra dans la grotte comme dans
un temple de la bienfaisance ; il s'y assit
sur un des blocs, et, se laissant aller aux
pensées les plus touchantes et les plus
agréables, il y oublia facilement l'orage
qui approchoit. Le vent, néanmoins, souf-
floit avec tant de force, que les arbres de
la vallée fléchissoient leurs cimes sous sa
violence ; des gouttes énormes de pluie
commençoient à tomber, et des nappes
d'eau alloient leur succéder, lorsqu'Ellival entend marcher avec vitesse, et Caroline paroît.

5.

En quittant le vieillard, elle étoit allée, un peu plus loin que la vallée, dans la maison de l'amie de Mathurine, dont elle a déjà parlé au comte; et, surprise par l'orage, elle venoit chercher un abri sous ce toit de rochers, qui lui étoit si connu. Quelle surprise mutuelle! Elle rougit, s'arrête, hésite, veut revenir sur ses pas; mais les nuées se précipitent en averses; il lui est impossible de braver la tempête; son innocence, et l'air aussi respectueux que ravi d'Ellival la rassurent; elle ne s'avance dans la grotte qu'autant qu'elle le doit, pour échapper à la pluie poussée par un vent impétueux; elle se tient debout; son âme pure ne conçoit aucune crainte, et son cœur est content.

Elle raconte à Ellival les détails de son petit voyage chez l'ancienne amie de Mathurine. — Il lui parle du vieillard. « Qu'il « est digne d'intérêt! dit Caroline; que « son âge, ses malheurs et ses vertus le « rendent respectable! — Et que votre

« bonté a trouvé facilement le moyen de
« charmer son infortune ! Caroline, je
« vous dois la vie ; que ne puis-je vous en
« devoir le bonheur ! — Ah ! soyez heu-
« reux, personne ne le désire plus que
« moi. — Et puis-je l'être sans vous, fille
« aussi vertueuse que belle ? S'il ne m'est
« permis d'avoir aucun espoir, si je dois
« renoncer à obtenir un jour la main de
« Caroline, quelle félicité peut exister
« pour moi dans ce monde ! Les regrets
« et la douleur seront mon seul partage ;
« je n'aurai plus qu'à mourir. — Trop de
« distance sépare une pauvre orpheline
« du comte d'Ellival. — Et que sont la
« fortune et la naissance auprès de tant
« de perfections ? En voyant tant de vertus,
« d'innocence, et de charmes, quel est
« celui qui n'envieroit pas mon sort ? —
« Vous m'aimez aujourd'hui ; mais com-
« bien durera votre affection ? — Tant que
« ce cœur battra, il chérira ma Caroline ;
« l'absence, les obstacles ne feroient

« qu'augmenter mon amour ; et, ne dussé-
« je jamais être aimé de vous, je vous ad-
« mirerai, je vous adorerai jusqu'au tom-
« beau ». Et lui prenant une main que
Caroline ne retire qu'à demi : « Caroline,
m'aimez-vous ? » Elle se tait, et détourne
ses yeux qui se mouillent de larmes. Ellival, avec un accent plus passionné encore : « Caroline, m'aimez-vous ? — Si
« je vous aime, Ellival ; pouvez-vous me
« le demander ? » Il se jette à ses genoux,
couvre sa main des baisers les plus tendres,
la regarde, se lève transporté, l'embrasse, et, hors de lui-même, prend le ciel
à témoin de son amour et de sa fidélité.

Le silence le plus expressif succède à
ce délire de joie, d'amour et de bonheur. La pluie avoit cessé ; Caroline, émue
jusqu'au fond de son âme, lève vers le
ciel ses yeux où se peignent à la fois et la
candeur angélique et la tendresse la plus
vive, les rabaisse, les cache un moment
avec ses mains, les tourne vers cette

grotte témoin des saintes promesses de son amant, tend la main à Ellival, lui défend de la suivre, et, au comble du bonheur, s'échappe vers le sentier qui doit la conduire au chemin de la chaumière.

Pendant long-temps Ellival ne sait s'il veille ou si un songe l'abuse. « Que je « meure ! s'écrie-t-il, si je dois me réveiller...... Elle étoit là ; je lui ai déclaré mon amour ; elle m'a dit qu'elle « m'aimoit, elle ne doute plus de ma « constance ; j'ai pressé sa main contre « mon cœur ; mes lèvres brûlantes ont « touché ce visage céleste ; le ciel m'a « donné la force de ne pas succomber à « ma félicité ; je suis tombé à ses genoux, « je l'ai adorée... Caroline ! Caroline !... » Il l'appelle comme si elle pouvoit l'entendre ; il sort de la grotte ; il veut revoir son amante ; ses yeux la cherchent en vain ; il rentre. « Cette grotte est sacrée, dit-il. » Il s'agenouille, il prie, il baise les traces de celle qu'il croit toujours voir et qu'il

cherche toujours. « Elle étoit là , répète-
« t-il ; non, aucune illusion ne me trompe ;
« mais comment suffire à la réalité ? com-
« ment résister à tout ce que j'éprouve ?
« elle m'aime , elle me l'a dit , elle m'a
« tendu la main. » Il s'assied à l'entrée de
la grotte. Il respire à peine ; un poids de
plaisir l'oppresse ; il se relève , se rassied ,
marche , se rassied encore. « *Si je vous*
« *aime ; pouvez-vous me le demander?*...
« Elle l'a dit ; son regard me l'a dit en-
« core davantage. » Peu à peu la vivacité
même de ses émotions commence de les
tempérer ; son cœur ne bat plus avec la
même vitesse ; le calme renaît dans son
âme agitée ; une douce rêverie s'empare
de lui ; il reste immobile dans une extase
pleine de charme ; il n'interrompt son silence que par ces mots , *elle m'aime ;* il
sent trop pour rien exprimer.

Cet état si heureux dure long-temps ;
mais enfin Ellival se lève , dit un tendre
adieu à cette grotte où a commencé pour

lui le bonheur le plus grand qu'il puisse concevoir, parle aux rochers, aux arbres, au torrent, à tous les objets qui l'entourent, et qui, bien loin de lui paraître insensibles, lui semblent prendre part à son contentement ineffable, leur dit qu'il reviendra souvent les voir; et, dans une plénitude de satisfaction profonde qu'il n'a jamais goûtée, il s'avance à pas lents vers la ville, se renferme dans sa chambre, se jette sur un siége, et ferme les yeux pour que rien ne puisse le distraire des souvenirs les plus heureux.

CHAPITRE XV.

Dès le lendemain , il alla chez Mathurine , la prit en particulier , lui raconta
tout ce qu'il avoit éprouvé , lui demanda
la main de Caroline , lui dit qu'avant très-
peu de jours il partiroit pour aller terminer, à Paris , des arrangemens qu'il alloit
faire commencer , et qui devoient précéder son mariage. « Bientôt après je re-
« viendrai chercher l'épouse adorée que
« je serai si fier de montrer à tous ceux
« qui s'intéressent à moi. Je ne serai ma-
« jeur que dans quelques mois ; mais mon
« tuteur ne me refusera pas de consentir
« à une union sans laquelle il me seroit
« impossible de vivre. »

Mathurine montra toute la franchise et
toute la beauté de son caractère. Elle parla

au comte de son étonnement, de sa re-
connaissance ; elle lui représenta toutes
les suites que sa démarche pouvoit avoir.
Une union aussi disproportionnée pouvoit, avec le temps, rendre bien malheureux le comte d'Ellival et Caroline.
Elle ne doutoit ni de sa bonne foi ni de
sa loyauté ; mais les affections les plus
vives sont souvent celles qui passent avec
le plus de vitesse. Avoit-il assez réfléchi
à tout ce que pourroient faire naître dans
son cœur et dans son esprit, les reproches
de ses amis, le mécontentement de ses
parens, le blâme de ses égaux, l'opinion
du monde, et ses succès arrêtés dès le
commencement de la plus brillante car-
rière ? Caroline, d'abord moins aimée,
ensuite traitée avec froideur, peut-être
bientôt dédaignée, deviendroit la plus
infortunée des femmes, et sa sensibilité
profonde la conduiroit au tombeau. Elle
le conjure de prévenir d'aussi grands
malheurs. Ellival la rassure. Jamais il ne

cessera d'adorer Caroline ; il ne pourroit
sans elle supporter la vie ; que ne fera-t-il
pas pour le bonheur de sa compagne ?
Ses efforts ne seront pas vains ; et qui
réuniroit plus de droits que Caroline à
l'affection , à l'estime et au respect ?

Mathurine appelle sa jeune parente, et
lui fait part de la proposition du comte.
Caroline se jette dans ses bras , cherche
à cacher dans son sein son visage que
colorent et son amour et sa pudeur, ne
cesse de lui donner le doux nom de mère;
et, se retournant vers Ellival, qui est à
ses pieds : « Puissiez-vous , lui dit-elle ,
« avec un trouble qu'elle ne peut vain-
« cre , ne vous repentir jamais de ce que
« vous voulez faire pour une orpheline
« qui ne peut vous donner que son cœur
« et sa vie. » Le bonheur d'Ellival est au
comble.

~~~~~~

CHAPITRE XVI.

―――――

Chaque jour, depuis son entretien avec Mathurine, il va à la chaumière qu'elle habite ; il y passe plusieurs heures auprès de sa bien-aimée, lui parle de ses projets, l'accompagne dans les promenades qu'elle fait avec Mathurine et Elisabeth.

Un des jours les plus chauds venoit de finir. Le soleil étoit couché, et l'on jouissoit de la plus belle soirée. Ellival, Caroline et ses deux compagnes vont de vallée en vallée, jusqu'à une petite montagne isolée, assez voisine de Hyères. Ils montent jusqu'à son sommet qui présente, sur des bancs de rochers, les ruines d'un petit ermitage. Ils se reposent au milieu de ces ruines; et Caroline, heureuse auprès de celui qu'elle aime, char-

mée du calme de cette solitude, et de la
fraîcheur de ce site élevé, fait entendre,
du haut de ces roches, cette voix qui
plaît tant à son amant. Ellival joignit sa
voix à celle de sa bien-aimée. Jamais duo
ne fut exécuté avec une expression plus
touchante. Les romances qu'ils chantèrent
d'abord peignoient le bonheur de deux
cœurs bien épris. Ils les recommencèrent.
Mais ensuite, et comme par une sorte
d'inspiration funeste et de mouvement
involontaire, Caroline commence la com-
plainte d'une *Amante abandonnée*. Ellival ne chante pas avec elle, s'attriste, la
prie de ne pas continuer. Caroline s'arrête ; mais à l'instant une sorte d'écho se
fait entendre derrière l'autel de la chapelle ruinée. On croit distinguer ce mot,
malheureuse ! au milieu d'une espèce de
gémissement. Mathurine et Elisabeth s'ef-
fraient ; Caroline s'émeut ; Ellival se
trouble. Ils écoutent. Le silence le plus
abs lu règne autour d'eux. Ellival se lève,

fait le tour de l'autel, ne voit personne, va derrière la chapelle, s'avance, et entend les pas de quelqu'un qui, en s'echappant au travers du bois, jette un cri qu'il croit reconnoître, et cependant continue de s'enfuir. Il revient vers Caroline, ne lui parle pas, pour ne pas ajouter à son in-quiétude, de ce qu'il vient d'entendre, lui dit ce qu'il croit de plus propre à cal-mer son agitation, ainsi qu'à dissiper les craintes de Mathurine et d'Elisabeth ; et, pensant que, dans l'endroit écarté où elles sont, elles auroient bien de la peine à re-trouver leur tranquillité, il les engage lui-même à revenir à leur chaumière, les accompagne, les distrait pendant la route, les reconduit jusque dans l'intérieur de leur demeure, serre bien tendrement la main de Caroline, et reprend, tout pen-sif, le chemin de la ville de Hyères.

————

CHAPITRE XVII.

Depuis long-temps le vicomte de Saint-Elme, tuteur d'Ellival, avoit formé le projet de le marier avec sa fille unique Emilie. Non content de la fortune immense qu'il avoit cherché à procurer à sa fille, par sa conduite coupable envers le marquis d'Amance et envers Elise, il désiroit de faire entrer dans sa famille les grandes terres de la maison d'Ellival. Emilie, qui avoit vu plusieurs fois le jeune comte, le trouvoit à son gré ; mais, quoiqu'elle fût jolie, et réunît plusieurs talens, son caractère trop léger avoit déplu au comte, qui n'avoit jamais eu pour elle aucune inclination. Le vicomte de Saint-Elme, accoutumé à préparer de loin ses projets, et qui ne négligeoit aucun moyen

de parvenir à écarter les obstacles qui
pourroient s'y opposer un jour, avoit
choisi parmi ses gens un jeune homme
intelligent, actif, d'un service agréable,
mais qui, ayant perdu ses parens de bonne
heure, n'ayant reçu qu'une éducation
imparfaite, et ayant oublié tous les principes de morale et de religion qu'on lui
avoit donnés, étoit devenu très-facile à
séduire. Le vicomte acheta son dévouement et sa discrétion, et le plaça, en qua-
lité de valet-de-chambre, auprès d'Ellival,
à qui il ne tarda pas à plaire par sa figure,
ses manières, son exactitude et son empressement. Le comte le voyoit avec plaisir auprès de lui. Fleurancey (c'étoit le
nom de ce valet-de-chambre) n'avoit accompagné son maître dans aucune des
courses que le comte avait faites aux environs de Hyères, et où Ellival avoit rencontré Caroline ; mais il avoit eu d'autant moins de peine à être instruit de la
vive inclination du comte d'Ellival pour

Caroline Desormes , que cet attachement et quelques-unes des circonstances qui avoient donné lieu à sa naissance et à ses progrès , étoient , depuis quelques jours, l'objet des conversations des habitans de Hyères. Il parvint à découvrir la demeure de la jeune personne , la vit , fut frappé de sa beauté ; et , entendant faire l'éloge de ses vertus par tous ceux à qui il avoit occasion d'en parler , il crut d'une grande importance pour les intérêts du vicomte ; et par conséquent pour les siens, de l'informer très-au-long de tout ce qu'il avoit appris et de tout ce qu'il apprendroit à ce sujet. Il résolut d'avoir une correspondance très-exacte à cet égard avec M. de Saint-Elme , et de traverser , par tous les moyens qu'il pourroit imaginer, l'inclination de M. d'Ellival , et surtout les projets de mariage que cet attachement pourroit faire naître. C'est lui qui , sans pouvoir être aperçu , avoit suivi de loin le comte , Caroline , Mathurine et Elisabeth, lorsqu'ils étaient allés se reposer au milieu de l'ermitage ruiné. C'est lui qui avoit fait entendre le gémissement, l'exclamation *malheureuse !* le cri lointain, etc. Quelques mots échappés au comte, pendant le silence de la nuit, lui avoient fait soupçonner que le jeune Gervais avoit fait éprouver quelque sentiment de jalousie à d'Ellival, et c'est la voix et l'accent de Gervais qu'il avoit tâché d'imiter lors de l'aventure de l'ermitage solitaire. Il avoit déjà écrit, sur l'amour d'Ellival, plusieurs lettres au vicomte, lorsque d'Ellival lui annonça que sous trois jours il partiroit pour Paris.

La veille du jour fixé pour son départ, le jeune comte étoit auprès de Caroline. Il éprouvoit un mélange de joie et de peine bien vives. Il vouloit s'éloigner de Caroline, mais il ne la quittoit, ainsi qu'il l'avoit dit à Mathurine, que pour obtenir le consentement de son tuteur, terminer quelques arrangemens indispensables que lui seul pouvoit finir, et revenir bien rapidement ensuite mettre à ses pieds son amour, son nom et sa fortune.

Caroline étoit navrée de douleur. Il lui sembloit qu'elle ne verroit plus le comte ; ses yeux pleins d'amour et de larmes ne cessoient de le regarder. On auroit dit qu'elle ne vouloit perdre aucun instant d'un bonheur qui alloit lui échapper, et qui ne reviendroit peut-être plus pour elle. Ellival la conjure de dissiper toute inquiétude ; pourroit-elle soupçonner et son cœur et sa foi ? pourroit-il vivre et ne pas l'adorer ? que seulement elle daigne penser à lui autant qu'il pensera à elle. Quel obstacle pourroit retarder, même d'un jour, un retour si ardemment désiré ? Caroline l'écoute, le croit, veut le croire du moins ; mais une pensée secrète qu'elle voudroit en vain écarter, revient à chaque instant comprimer son cœur. Le soleil est cependant

près du terme de sa course ; de grandes
ombres s'étendent déjà jusques aux arbres
sous lesquels Ellival entretient Caroline,
L'horloge de Hyères frappe huit heures :
« Encore quelques heures, ou plutôt
« quelques instans, dit tout bas Caroline,
« et mon Ellival sera parti ; je ne le ver=
« rai plus. »

Tout d'un coup le comte paroît éprou=
ver un sentiment nouveau ; il a l'air de cé=
der à une inspiration soudaine ; ses yeux
s'animent ; il se lève avec une sorte de
solennité, prend la main de Caroline,
et la conjure de le suivre. Etonnée,
émue, mais confiante, elle se laisse con=
duire ; il la mène vers l'ermitage de la
Vierge, que l'on voyoit de loin ; ils s'a=
vancent tous deux au milieu des oliviers ;
une fontaine se trouve sur leur passage ;
Caroline s'arrête, le regarde, soupire,
cueille une branche de myrte, et la
donne à Ellival qui la met avec transport
sur son cœur ; ils gravissent le long de

la côte rapide bordée de pins; la soirée
étoit brûlante et orageuse; ils arrivent
à la porte de l'église de la Vierge, elle
étoit encore ouverte; ils entrent, ils pé-
nètrent jusqu'au fond du sanctuaire; ils
se prosternent auprès de l'image de la
vierge céleste; ils prient en silence. Ellival tendant la main vers l'autel, prend
à témoin la sainteté du lieu, de la fidélité
de ses promesses, reporte sa main sur
la tête de Caroline qui s'incline, la bénit,
implore le ciel et pour elle et pour lui,
tire de ses doigts un anneau consacré que
sa mère avoit reçu de son père, le met au
doigt de sa Caroline, l'appelle sa compagne, son épouse, l'embrasse sous les
yeux de Dieu dans son sanctuaire auguste, se prosterne de nouveau, prie avec
ferveur, ainsi que sa bien-aimée; et, au
moment où il la présente, pour ainsi dire,
au saint des saints, un éclair brille au
travers des vitres colorées, resplendit sur
l'arche mystérieuse, rejaillit sur son front

et sur celui de Caroline, et un éclat de tonnerre retentit sous les voûtes antiques de l'église.

Ils sortent dans une sorte d'extase, de tendresse et de piété ; l'enthousiasme de l'amour et celui de la religion ont exalté leurs âmes ; elles sont dans le ciel.

Ils regagnent la chaumière de Mathurine en silence, mais dans la douce et céleste quiétude d'un bonheur sans mélange et sans trouble. Arrivé auprès de Mathurine, Ellival lui confie son épouse, serre Caroline dans ses bras, et part pour Hyères, et bientôt pour Paris, dans l'ivresse d'un bonheur auquel il ne voit pas de terme, et d'une ardeur que couronnera avant très-peu de jours l'union la plus fortunée.

CHAPITRE XVIII.

LES jours s'écouloient, et Caroline n'a-
voit encore reçu aucune lettre d'Ellival ;
aucun soupçon ne pouvoit naître dans
son âme sur sa fidélité, mais elle commençoit à craindre pour le comte les
suites funestes de quelques accidens ;
chaque soir elle cherchoit à se rassurer,
et se disoit : « J'aurai demain de ses nou-
« velles. »

Elle désira d'aller au grand étang où
Ellival avoit failli à perdre la vie. Mathurine, Elisabeth et Gervais l'accompagnè-
rent. Elle s'arrêta long-temps devant les
rochers qu'elle avoit parcourus avec tant
de courage pour arracher Ellival à une
mort certaine ; elle visita la chambre où
elle avoit reçu les soins d'Ellival ; elle s'as-

sit sur le rivage, et, immobile, contempla
les flots qui venoient expirer à ses pieds ;
elle ne parloit point, elle étoit triste et
mélancolique ; mais ce qu'elle éprouvoit
avoit une grande douceur. « J'ai voulu
« mourir pour lui, pensoit-elle, je l'a-
« vois sauvé, je serois morte bien heu-
« reuse. » Elle revint au rocher, et ses
yeux ne pouvoient se détourner de l'endroit où le comte alloit être englouti
lorsqu'elle s'étoit dévouée pour lui. Mathurine et Elisabeth respectoient ces souvenirs si touchans ; Gervais qui chaque
jour l'aimoit davantage, mais qui n'avoit
jamais osé se rendre compte de la nature
de son affection, la considéroit avec atten-
drissement, l'admiroit, gardoit le silence
comme elle, et, sans s'en douter, suivoit
tous ses mouvemens. La nuit vint, et Caroline eut bien de la peine à s'arracher
de ce rivage témoin de son généreux sacrifice. Elle revint à la chaumière par la
route qu'on avoit suivie lorsqu'on la porta

6

encore sans connoissance jusqu'à la maison de Mathurine. Chaque partie de cette
route lui rappeloit ce qu'on lui avoit répété si souvent de la douleur du comte,
de sa consternation, de son désespoir;
comme elle jouissoit de toutes ces marques de son amour ! Elle alloit silencieuse et contente, s'arrêtoit, s'avançoit
de nouveau, s'arrêtoit encore, et suspen-
doit ainsi, au moins pendant quelques
momens, les peines que lui causoit l'absence de son amant.

Quelques jours après, elle voulut aller
revoir la grotte où d'Ellival, pendant un
orage, lui avoit déclaré son amour; elle
y alla dès le matin, s'y assit à la même
place où elle avoit reçu les sermens d'Ellival, y passa un long temps, les yeux
fixés sur l'endroit où le comte lui avoit
fait entendre l'expression d'un amour si
tendre et si pur. « Il n'y est plus, » di-
soit-elle souvent, et elle pleuroit; elle
ajoutoit : « bientôt il reviendra, » et elle

pleuroit encore. Le soleil alloit se coucher ; elle regarda autour d'elle, baisa
l'anneau qu'Ellival lui avoit donné, baisa
la roche sur laquelle Ellival s'étoit assis,
sortit de la grotte, abattue et découragée,
se retourna à chaque pas, tant qu'elle put
voir l'entrée de cet asile et les arbres
qui l'ombrageoient, éprouva une sorte
de frémissement lorsqu'elle cessa de les
apercevoir, et continua de suivre lentement le chemin de la chaumière.

6.

CHAPITRE XIX.

———

CHAQUE jour cependant ajoutoit à l'inquiétude de Caroline ; le comte lui avoit
promis de lui écrire si souvent, et aucune
lettre n'arrivoit pour elle. Elle ne pouvoit
pas le croire infidèle ; mais combien elle
craignoit maintenant pour sa santé !

Elle essayoit envain de s'occuper de ses
travaux champêtres, des soins du ménage,
de ses lectures favorites ; elle alloit et venoit sans but, parloit à peine, jetoit des yeux
troublés sur tous ceux qu'elle voyoit,
comme s'ils avoient une mauvaise nouvelle à lui apprendre, se retiroit de bonne
heure dans sa chambre, n'y trouvoit presque plus le sommeil, et ne cédoit pendant
quelques instans au besoin du repos, que
pour être fatiguée par des rêves sinistres.

Quelquefois, au milieu du silence de la nuit, elle croyoit entendre une voix lamentable qui l'appeloit ; elle se levoit avec effroi, écoutoit, n'entendoit plus rien, et se rejetoit désolée sur son lit.

Mathurine et Elisabeth réunissoient leurs efforts pour la distraire ; mais rien ne calmoit cet état d'angoisse dans lequel elle étoit, pour ainsi dire, entraînée chaque jour de plus en plus.

Sa rêverie la conduisoit souvent très-loin de son habitation. Dans une de ces courses, elle se trouva assez tard auprès de l'ermitage de la Vierge ; la porte de l'église étoit fermée ; elle la poussa, la fit céder aisément, et entra. Le soleil étoit couché depuis long-temps ; la lune éclairoit un ciel nuageux ; un son funèbre, quoique assez éloigné, frappa son oreille et la fit tressaillir ; c'étoit celui de la cloche de Hyères, qui annonçoit une mort ; le cœur saisi, elle s'avance ; son imagination s'exalte, sa vue se trouble, les ombres

des piliers, que le passage des nuages sur
le disque de la lune fait paroître et disparoître, l'effrayent comme autant de
fantômes; ses genoux se dérobent sous
elle; elle fait un cri, tombe, et reste sans
mouvement.

Le bon ermite qui prioit auprès de
l'autel, s'empresse de la secourir, la relève, la porte hors de l'église, l'assied sur
un banc, jette de l'eau sur son visage,
l'interroge, lui demande son nom, la loue
sur sa piété, lui explique l'illusion qui l'a
trompée, et lorsqu'elle a commencé de
reprendre ses forces, il la soutient, l'accompagne, et fait avec elle une grande
partie de la route de la chaumière. Caroline le remercie, écoute avec respect ses
pieuses exhortations; mais la cloche funèbre de Hyères n'a pas cessé de sonner,
et le trait est toujours dans son cœur.

A une certaine distance de la maison de
Mathurine, ils rencontrent Gervais. Mathurine et Elisabeth ne voyant pas revenir

Caroline, avoient cédé à leur tendre impatience, et venoient au devant d'elle. Le hasard les avoit conduites sur la route de l'ermitage; Gervais les précédoit. Elles arrivèrent presque au même moment, firent de doux reproches à Caroline sur la peine qu'elle avoit commencé de leur donner, et, apprenant la bonté de l'ermite, se joignent à leur fille adoptive pour lui témoigner leur reconnoissance. L'ermite leur remet cette fille chérie, appelle les bénédictions du ciel sur elle et sur tous ceux qui l'intéressent, et remonte vers sa cellule.

Quelle nuit que celle que passe Caroline! Quel contraste entre ce qu'elle vient d'éprouver dans l'église de la Vierge, et le bonheur ineffable et céleste qu'elle y avoit goûté la veille du départ d'Ellival! Rien ne peut la soustraire au tourment de cette pensée terrible qu'Ellival ne vit plus. « Eh! si je ne l'avois pas perdu pour tou- « jours, il m'auroit écrit, il auroit ré-

« pondu à mes lettres, du moins il m'au-
« roit fait écrire. Je ne puis plus supporter
« la douleur que j'éprouve. Qui m'en
« délivrera ? Qui me rendra le calme ? Il
« n'en est plus pour moi. La mort est
« préférable à tout ce que je souffre. O
« mon dieu ! s'il n'existe plus, rappelez à
« vous la malheureuse Caroline; réunissez-
« la à celui dont elle ne peut vivre sé-
« parée. »

Le hasard fait, le lendemain au point
du jour, qu'elle jette les yeux sur sa main ;
elle ne voit pas l'anneau qu'Ellival lui
avoit donné. Ce signe d'une alliance éternelle a disparu ; elle se lève avec précipitation, le cherche avec le plus grand soin,
dans la chaumière, dans les environs, sur
les routes, ne le trouve point, se désole,
et son imagination, plus troublée que jamais, lui montrant dans cette disparition
un avertissement du ciel, une preuve du
malheur qu'elle redoute, elle reste frappée de terreur et comme anéantie.

~~~~~~

CHAPITRE XX.

Ellival, arrivé à Paris, n'y avoit pas trouvé le vicomte de Saint-Elme; il lui avoit écrit, et attendoit sa réponse avec une grande impatience. Aucune lettre cependant n'arrivoit de Hyères. On ne répondoit à aucune de celles qu'il avoit adressées à Caroline de tant d'endroits de sa route. Il n'avoit aucune nouvelle de celle qui lui étoit si chère. Le soupçon commençoit à se glisser dans son âme ardente Ce Gervais, qu'il n'avoit que trop souvent remarqué, ne pouvoit pas avoir passé tant de temps auprès de Caroline sans l'aimer. Souvent il avoit surpris ses regards fixés sur elle. Pourquoi étoit-il venu, à la dérobée, se cacher derrière les ruines de l'ermitage abandonné? Pourquoi

6*

ces gémissemens, ces plaintes, ces ex-
clamations? Il étoit beau, jeune, bon,
attentif, prévenant, l'égal de Caroline :
l'aimeroit-elle? Il repoussoit cette affreuse
pensée. « Mais elle ne m'écrit pas ; mais
« elle ne répond à aucune de mes lettres ;
« elle m'oublie ; Ellival n'est plus rien
« pour elle ; » et il frémissoit de douleur
et de jalousie.

Fleurancey usoit auprès du comte de
toute son adresse. Il avoit aisément deviné
tout ce qui se passoit dans l'âme d'Ellival,
et ne négligeoit rien pour augmenter ses
soupçons.

LETTRE

de Fleurancey au vicomte de Saint-
Elme.

Monsieur le vicomte,

«J'exécute vos ordres avec la plus grande
« exactitude. Je soustrais et je fais brûler
« toutes les lettres qui viennent de Hyères.
« Toutes celles que M. le comte écrit à
« cette petite Caroline, il me les remet
« pour que je les porte à la poste ; elles
« sont brûlées avec le même soin. M. le
« comte est déjà très − affecté du silence
« qu'il croit que l'on garde avec lui. Il est
« triste, rêveur, taciturne, ne sort pres-
« que pas, ne voit personne. Il attend
« chaque jour, avec impatience, l'heure
« du courrier de Toulon. Il a voulu hier
« savoir si j'avois connu à Hyères le jeune
« Gervais ; je lui ai demandé s'il vouloit
« parler de l'amoureux de mademoiselle

« Caroline : on disoit dans tout le pays,
« ai-je ajouté, qu'il devoit l'épouser quel-
« ques jours avant l'arrivée de M. le comte;
« on ne sait pas ce qui a retardé ce ma-
« riage qui paroît très - convenable ; la
« jeune personne, dit-on, l'aime beau-
« coup; il est fort bien M. Gervais. —
« M. le comte m'a donné de suite ses or-
« dres, et j'ai été obligé de sortir de sa
« chambre. J'ai écouté derrière la porte.
« Je l'ai entendu marcher à grands pas,
« parler très - haut et avec beaucoup de
« vivacité. Je me recommande toujours
« à la protection de M. le vicomte qui
« peut compter sur mon zéle, mon obéis-
« sance, et ma discrétion. »

SECONDE LETTRE

Du même au même.

Monsieur le vicomte,

« J'ai dit ce matin à M. le comte, en
« l'habillant, que j'avois reçu une lettre
« de Hyères, de cet André avec lequel
« M. le comte m'a vu souvent promener,
« et qu'avec quelques pièces d'or j'ai mis
« dans les intérêts de M. le vicomte.
« André n'a fait que copier le brouillon
« que je lui avois fait parvenir, en lui
« rappelant les recommandations que je
« lui avois faites avant de repartir pour
« Paris. — Qu'est-ce qu'il vous a écrit,
« m'a dit vivement M. le comte? — Je n'ai
« pas fait semblant de m'apercevoir de
« son empressement. — Il me donne des
« nouvelles de toutes les personnes de ma
« connoissance. Elles se portent bien. —

« M. le comte n'a rien dit. — Un moment
« après j'ai continué. — André m'a parlé
« de son ami Gervais, dont M. le comte
« s'est informé il y a quelques jours. Il
« est bien heureux ce beau M. Gervais.—
« M. le comte a froncé les sourcils. — Il
« va épouser la belle mademoiselle Caro-
« line ; il ne la quitte pas plus que son
« ombre ; on les voit partout ensemble.
« — M. le comte a failli à se trouver mal.
« — Il a passé dans son cabinet, s'y est
« renfermé, est revenu pâle, défait, les
« yeux hagards. — Il a continué sa toi-
« lette. — Après quelques momens de
« silence : André, m'a-t-il dit, se marie-
« t-il aussi ? — Je ne le crois pas ; il ne
« m'en parle pas. — Quel âge a-t-il ? —
« De vingt à vingt-cinq ans. — Est-il à son
« aise ? — Il n'est pas riche. — On pour-
« rait lui faire du bien.... A-t-il une belle
« écriture ? Voyons sa lettre. — La voilà,
« M. le comte. — Il l'a prise, l'a lue, me
« l'a rendue, a pâli encore davantage,

« s'est tenu à la cheminée comme s'il al-
« loit tomber, et s'est renfermé de nou-
« veau dans son cabinet..... Il avoit l'air
« au désespoir..... Le courrier va partir ;
« j'aurai l'honneur, sous peu de jours,
« d'écrire plus au long à M. le vicomte.»

TROISIÈME LETTRE

Du même au même.

Monsieur le vicomte,

« J'avois découvert, en revenant de
« Hyères à Paris, que M. le comte avoit
« donné à Caroline Désormes l'anneau
« de feu madame la marquise sa mère :
« je ne sais par quel accident elle l'a égaré.
« Mais il a été retrouvé auprès d'un er-
« mitage, nommé de la Vierge, par un
« berger de la connoissance d'André. Ce
« dernier ayant lu sur cet anneau le nom
« d'Ellival, a cru que M. le comte l'avoit
« perdu, et me l'a renvoyé pour que je
« le remisse à M. le comte. Que dois-je
« faire?... La douleur de M. le comte
« commence à me faire une très-grande
« peine, et je crains qu'elle ne lui fasse
« beaucoup de mal. »

QUATRIÈME LETTRE.

Monsieur le vicomte.

« J'ai reçu vos nouveaux ordres. J'ai
« dû vous obéir. Mais combien il m'en a
« coûté? Je suis entré chez M. le comte
« à l'heure de l'arrivée de la poste de Pro-
« vence. — Y a-t-il des lettres de Hyères
« pour moi? — Non, monsieur. — Y en
« avoit-il pour vous? — Mon ami André
« m'a écrit. — André? — Oui, monsieur
« le comte; il m'a envoyé un petit paquet
« pour vous. — Pour moi? — Oui, mon-
« sieur. — Où est-il ce paquet? — Le
« voici; il renferme un anneau que j'ai
« presque toujours vu au doigt de mon-
« sieur le comte, et qu'il a perdu à
« Hyères. André l'a acheté de Gervais
« qui dit l'avoir trouvé; et, ayant lu
« votre nom autour, il me l'a envoyé. Il
« en avoit donné six francs. — Le comte

« a pris l'anneau ; mais à peine l'a-t-il re-
« gardé, qu'il est tombé sans connoissance
« sur un fauteuil. J'ai sonné ; ses gens
« sont accourus ; nous lui avons donné de
« l'air, fait respirer des sels ; il a com-
« mencé de revenir à lui, a ouvert in-
« sensiblement les yeux, paroissoit ne pas
« reconnoître sa chambre ; mais, à l'ins-
« tant où il a aperçu sur la table le mal-
« heureux anneau, il s'est levé avec vio-
« lence, a jeté un grand cri de douleur,
« a frappé vivement son front, a renvoyé
« ses gens, m'a renvoyé moi-même,
« malgré la peine que j'éprouvois de le
« quitter dans cet état, et tous les efforts
« que j'ai fait pour rester auprès de lui ;
« et, me poussant hors de sa chambre
« avec un air d'égarement, il a fermé la
« porte sur moi comme un furieux. J'ai
« attendu long-temps dans l'antichambre,
« espérant qu'il me rappelleroit. J'ai
« écouté plusieurs fois contre la porte. Je
« n'ai rien entendu. M. le comte étoit

« passé dans son cabinet. Enfin il a sonné.
« Il s'est couché sans mot dire. Sa figure
« étoit rouge, sa peau ardente ; une espèce
« de transport l'agitoit ; ses yeux enflam-
« més étoient toujours fixés sur l'anneau
« qu'il tenoit, et qu'il serroit quelquefois
« avec un frémissement de désespoir.
« Vingt fois, j'ai voulu me jeter à ses
« pieds, et lui tout avouer. Mais la crainte
« de vous compromettre m'a retenu. Je
« vous en conjure, ne me laissez pas dans
« cet état affreux. Consentez à ce que je
« lui dise tout. Je viens d'envoyer cher-
« cher le médecin. »

CINQUIÈME LETTRE

Du même au même.

Monsieur le vicomte,

« Le médecin est venu. M. le comte
« avoit le délire. Sa fievre étoit très-forte.
« Il prononçoit d'une voix concentrée des
« mots sans suite. Il répétoit souvent le
« nom de Caroline, et toujours avec un
« accent déchirant. M. le docteur a dit
« qu'il y avoit du danger pour la vie de
« M. le comte. J'attends vos ordres avec
« beaucoup d'impatience. »

SIXIÈME LETTRE

Du même au même.

Monsieur le vicomte,

« Je vous obéirai, quelque douleur
« que j'en éprouve. Vous pouvez être sûr
« de ma soumission et de mon silence.
« M. le comte va mieux. Le médecin es-
« père que la force de son tempérament
« le tirera d'affaire. Sa raison n'est pas en-
« core tout-à-fait revenue. Mais il nous
« reconnoît. Ce matin, en jetant les yeux
« sur son anneau qu'il avoit depuis quel-
« ques jours remis à son doigt, il a beau-
« coup pleuré. »

SEPTIÈME LETTRE

Du même au même.

Monsieur le vicomte,

« Nous suivons bien exactement les
« ordonnances de M. le docteur. Il paraît
« sûr maintenant de la guérison de M. le
« comte ; mais il faudra beaucoup de
« temps pour que mon maître soit entiè-
« rement rétabli. M. le comte écrit sou-
« vent ; et bientôt après il déchire tout ce
« qu'il a écrit. Hier, il m'a demandé si
« André.... Mais à l'instant il s'est tu, et
« s'est retourné avec vitesse. Je n'ai pas
« osé lui répondre. »

HUITIÈME LETTRE

Du même au même.

Monsieur le vicomte,

« M. le docteur nous rassure chaque
« jour davantage ; cependant M. le comte
« est toujours bien taciturne. La première
« fois où il a essayé de se lever, il s'est
« trouvé mal. Aujourd'hui il a pu rester
« plusieurs heures hors de son lit. Il a
« marché avec assez de facilité. Il nous a
« remerciés tous du zèle que nous lui
« avons montré. Il a dit un mot à chacun
« de nous. Lorsque mon tour est arrivé,
« il m'a regardé fixement ; il m'a fait
« trembler. J'ai cru qu'il commençoit à
« avoir quelque soupçon sur mon compte ;
« mais ma crainte s'est dissipée. Il m'a
« parlé un moment, et a détourné la vue ;
« il était près de pleurer. Lorsqu'il a été

« recouché, il a voulu être seul avec
« M. Dulac, son jeune secrétaire, auquel
« il s'est attaché depuis son retour à Paris.
« Long-temps après, M. Dulac est sorti
« de la chambre avec beaucoup de pa-
« piers à la main. Ses yeux étoient très-
« rouges. On nous a dit que M. le comte
« feroit un assez long voyage, lorsque ses
« forces le lui permettroient. S'il va à
« Hyères, je serai perdu. Mais M. le vi-
« comte ne me retirera pas sa protection.
« Il n'abandonnera pas un serviteur qui
« s'est exposé à tout, pour lui plaire et
« pour obéir à sa volonté. »

NEUVIÈME LETTRE

Du même au même.

Monsieur le vicomte,

« M. d'Ellival est encore bien foible ;
« mais il a commencé de sortir ; il s'est
« promené pendant quelques momens à
« cheval, avec son secrétaire. M. Dulac
« ne le quitte point. Il est plus question
« que jamais d'un grand voyage. Mais je
« suis tranquille. M. le comte doit aller
« en Allemagne. Il est toujours bien triste ;
« rien ne peut le distraire ; il ne dort pas ;
« lorsque le matin, j'entre dans sa chambre,
« je le trouve sur son séant, morne, pré-
« occupé, ayant quelquefois l'air de vou-
« loir me questionner, et cependant il
« ne me demande rien. Toutes les fois
« qu'on lui apporte une lettre, il tressaille.
« Je l'ai vu dans la glace, ne croyant pas
« être aperçu, et baisant avec transport
« l'anneau de madame sa mère. »

7

DIXIÈME LETTRE

Du même au même.

« M. le comte part décidément après-
« demain ; le médecin craint qu'il ne
« s'expose trop tôt aux fatigues du voyage ;
« il le lui a dit devant moi ; M. le comte
« a souri, lui a serré la main, l'a embrassé,
« mais n'a pas changé de résolution.
« M. Dulac l'accompagne, ainsi que le
« vieux François. Aucun de nous, d'ail-
« leurs, ne doit le suivre. On dit qu'il
« prendra à Strasbourg des domestiques
« allemands. »

ONZIÈME LETTRE

Du même au même.

« M. le comte est parti depuis plusieurs
« jours ; nous n'avons eu aucune lettre
« de M. Dulac ; mais nous avons su par
« un des amis de ce dernier, que M. le
« comte ne se trouvoit pas bien de son
« voyage, qu'il étoit très-fatigué, très-
« foible et très-souffrant. M. Dulac avoit
« beaucoup d'inquiétude. »

DOUZIÈME LETTRE.

Monsieur le vicomte,

« Quel malheur j'ai à vous annoncer !
« M. le comte n'a pas pu résister au re-
« nouvellement de sa maladie. Il vient de
« mourir dans une auberge de Saverne.
« M. Dulac nous a écrit ce funeste évé-
« nement. Il est consterné ; il ne veut pas
« revenir à Paris ; il se retire dans sa pro-
« vince. Il a envoyé un gros paquet au
« notaire de M. le comte ; on va nous
« payer trois années de nos gages. Mal-
« heureux voyage de Hyères ! combien je
« me repens de tout ce que j'ai fait ! je
« suis au désespoir. Et cette pauvre made-
« moiselle Caroline.... Je vais écrire à
« André, ou plutôt je vais prendre la li-
« berté de m'adresser à M. le curé de
« Hyères. Je l'instruirai de tout. C'est un
« brave homme. Il verra ce qu'il y aura de
« mieux à faire pour cette mademoiselle
« Caroline, si bonne et si à plaindre. Ja-
« mais je ne me consolerai. »

~~~~~~

CHAPITRE XXI.

Six heures sonnoient à l'horloge de Hyères. Le bon curé venoit de dire la messe. Il venoit de prier pour le repos éternel du comte d'Ellival et pour la consolation de la malheureuse Caroline. Retiré dans la sacristie, il se prosterne au pied de l'image du Dieu de miséricorde, et découvrant sa tête vénérable : « O mon Dieu ! donnez aux paroles de « votre serviteur cette expression touchante qui porte le calme dans les cœurs « au désespoir. Faites descendre dans « l'âme de l'infortunée Caroline un « rayon de cette grâce divine, qui calme « toutes les tempêtes, et apaise toutes les « douleurs. Vous connaissez, ô mon « Dieu! la piété de votre servante ; récom-

« pensez sa vertu, en lui donnant le cou-
« rage et la résignation nécessaires pour
« supporter le coup qui va l'accabler. »
Il se lève, appuie sur un roseau sa démarche peu assurée, et continuant en silence
sa prière, il va seul à la chaumière de
Mathurine. Il voit de loin, sous les arbres qui en ombragent l'entrée, Caroline appuyée tristement contre une de leurs
tiges ; il se recueille, s'approche, la nomme : Caroline se retourne, et, pleine de respect, s'avance au-devant de lui. Il la fait
asseoir sur une berge au milieu d'une espèce de salle naturelle de verdure. Ils sont
seuls ; on ne peut les entendre, et à peine
pourroit-on les voir. « Ma fille, lui dit le
« respectable pasteur, aimez-vous votre
« Dieu ? — Du plus profond de mon cœur,
« mon père. — S'il vous demandoit un
« grand sacrifice, vous résigneriez-vous
« à sa volonté sainte ? — Je l'espère,
« mon père. » Et, à chaque instant, elle
se trouble davantage. « Ma fille, un

« grand bonheur vous avoit été promis
« dans ce monde ; le ciel avoit semblé
« bénir une union bien heureuse pour
« vous.... Le Tout-Puissant est le seul
« maître de nos destinées ; ce n'est pas
« dans cette vie passagère qu'il veut que
« nous placions nos espérances ; c'est dans
« un monde meilleur qu'il nous montre
« une félicité éternelle ; heureux ceux
« qu'il y appelle dès leur jeunesse, et qui
« y précèdent leurs amis ; levez les yeux,
« ma fille, et voyez dans le sein de Dieu
« même.... — Ah ! mon père, mes ter-
« ribles pressentimens ne m'avoient pas
« trompée. Ellival...! — Il vous attend
« dans le séjour céleste ; c'est là que vous
« serez unie à votre époux, pour ne ja-
« mais vous en séparer. » Caroline n'entendoit plus rien. Le curé appelle Mathurine, Elisabeth. Elles accourent ; Gervais
vient avec elles ; on emporte Caroline ;
on l'étend sur ce lit déjà témoin de tant
de douleur ; elle ouvre les yeux ; mais

elle ne peut ni pleurer, ni parler ; les sanglots la suffoquent. « Il n'est plus. » Voilà
tout ce qu'elle peut faire entendre. Le
pasteur s'approche ; son âme est froissée ;
il ne peut que prononcer le nom de Caroline, et, de sà main tremblante, lui montrer le ciel ; l'image si touchante de ce
vieillard, qu'elle chérit comme un père,
et qui souffre pour elle, attendrit Caroline, et des larmes abondantes soulagent
son cœur qui alloit se briser.

Le pasteur pleure avec elle, l'exhorte,
l'encourage ; Mathurine et Elisabeth se
jettent dans ses bras ; tant d'affection l'aide
un instant à supporter le poids affreux de
sa douleur ; mais elle retombe sous un
coup si terrible. Les visites fréquentes du
pasteur, les tendres soins de Mathurine
et d'Elisabeth, sa piété douce, et son espoir d'une meilleure vie, lui rendent un
peu de force. Elle peut se lever, et sortir.
Mais il n'y a plus de calme pour elle.
Chacun des objets qu'elle revoit, blesse

et déchire son âme. Partout une voix dé-
sespérante lui répète, *il n'est plus.* Le
temps même n'apporte aucun soulagement à cette espèce de longue agonie.
Elle ne peut plus résister à cette souffrance si vive et si continuelle. Elle ne
peut plus habiter un pays où tout lui rap-
pelle l'amant qui l'adoroit, et que la mort
lui a ravi au moment où elle alloit être si
heureuse avec lui. Elle désire de quitter
Hyères; sa tendresse pour Mathurine la
fait hésiter; mais elle cède à la violence
de ses regrets; et sa résolution devient
bientôt inébranlable. « Ma mère, dit-elle
« à Mathurine, vous savez si je vous
« aime; votre fille est trop malheureuse;
« elle ne peut plus rien pour vous; le ciel
« ne lui a pas laissé assez de force pour
« surmonter son chagrin et vous en ca-
« cher les tristes effets; je ne puis dans ce
« pays, qui, cependant, me sera toujours
« si cher, revoir un seul endroit que je
« n'aie l'âme de plus en plus percée par

7*

« la douleur; je ne veux pas faire plus
« long-temps le malheur de Mathurine,
« en l'affligeant à chaque instant par la
« vue d'une fille infortunée que rien ne
« pourra consoler. Il faut qu'elle souffre
« seule; et cette idée que l'image de ses
« maux ne troublera plus la paix de vos
« jours, ô ma mère, mêlera, peut-être,
« quelques instans de soulagement à sa
« déplorable existence; Elisabeth et Ger-
« vais prendront soin de vos jours; il vous
« rappelleront votre fille adoptive. Le
« ciel m'ordonne de vous quitter. Le sen-
« timent irrésistible qu'il m'inspire, prouve
« assez sa volonté sur moi. Adieu, ma
« mère, soyez heureuse; pensez quelque-
« fois à votre pauvre Caroline; qu'elle
« sache que vous l'aimez toujours, et sa
« vie ne se terminera pas sans quelque
« douceur. »

Mathurine se désole. Elle lui dit tout ce
qu'elle peut imaginer de plus propre à
changer, ou du moins à suspendre sa ré-

solution ;_Elisabeth se réunit à elle. Mais voyant que rien ne peut sauver les jours de Caroline, excepté son éloignement de Hyères, Mathurine consent à son départ ; elle la conjure de lui donner souvent de ses nouvelles ; elle lui fait promettre de revenir un jour auprès d'elle ; elle la force à accepter un nombre assez considérable de pièces d'or, qu'elle avoit depuis long-temps rassemblées pour un événement bien différent, et implore pour elle l'assistance du ciel.

Caroline lui avoit dit qu'elle vouloit avant tout aller auprès de Pontarlier visiter le village où reposoient les cendres de sa mère Élise ; elle avoit demandé au curé une lettre pour le pasteur de la paroisse où sa mère avoit été enterrée ; on avoit arrêté pour elle une place dans une voiture publique ; mais elle avoit caché avec soin, à Mathurine et à Elisabeth, le jour fixé pour son départ, et le curé seul en avoit été informé.

Le matin de ce jour, elle se leva de très-bonne heure, pendant qu'Elisabeth et Mathurine dormoient encore; elle prit sous son bras le paquet qu'elle avoit arrangé la veille, sortit de la maison sans faire le plus petit bruit, jeta un dernier regard sur la chaumière, essuia des larmes bien amères, recommanda à Dieu Mathurine, Elisabeth et Gervais; et pressoit sa marche vers Hyères, croyant n'avoir été vue ni entendue par personne, lorsque Gervais se présenta à elle. Ce bon jeune homme à qui le départ de Caroline causoit un bien grand chagrin, avoit voulu la voir encore le jour de son départ. Il la pria si instamment de permettre qu'il l'accompagnât jusqu'à Hyères, et qu'il lui évitât la peine de porter son paquet, que, touchée de l'affection qu'il lui témoignoit, Caroline, qui le regardoit comme un frère, accepta son offre avec reconnoissance.

L'aurore paroissoit à peine; Caroline

avoit voulu , avant de monter en voiture ,
voir encore le bon pasteur ; le curé l'attendoit à l'église , et déjà revêtu de ses
ornemens , à peine vit-il entrer Caroline dans le temple , qu'il commença ,
ainsi qu'elle le lui avoit demandé , un
sacrifice de deuil et de prière pour le
comte d'Ellival. Deux cierges éclai-
roient seuls l'intérieur de l'église. Deux
jeunes enfans vêtus de lin , servoient le
pasteur à l'autel ; Gervais étoit resté au
fond de l'église , et Caroline à genoux
sur les marches du sanctuaire , étoit dans
une sorte d'anéantissement religieux, en
présence de la majesté divine , et devant
ces paremens funèbres qui environnoient
l'autel.

Du milieu de cet anéantissement, la
prière de Caroline s'élevoit vers le Dieu
de bonté , pour Ellival , pour elle , pour
Mathurine, pour tous ceux qu'elle aimoit.
Absorbée dans ses hautes pensées, transportée par son imagination jusqu'au pied

du trône de l'éternel, n'ayant pour ainsi
dire, dans ce moment, que des sensations extraordinaires, que des idées
surnaturelles, elle crut qu'une voix lui
disoit : *Un jour tu reverras ce temple,*
tu reverras ton Ellival; et un rayon
de consolation pénétra dans son âme.

Le sacrifice venoit de finir ; le pasteur
s'approcha de Caroline, étendit sur sa tête
inclinée l'étole vénérée, prononça la
prière des voyageurs, approcha la croix
sainte de ses lèvres pieuses, l'aspergea
de l'eau qu'il venoit de bénir, et levant
sa main, consacra, par le signe révéré,
les vœux qu'il formoit pour elle.

Caroline sortit de l'église dans un saint
recueillement, descendit les yeux baissés
la montagne escarpée sur laquelle l'église
est bâtie, et vint à l'endroit où l'attendoit la voiture, sans oser se retourner ni
vers les ruines de l'ancien château, ni
vers cet ermitage de la Vierge, que le soleil éclairoit déjà, qu'elle auroit pu voir

de loin, et auquel son amour et celui du comte avoient attaché pour elle tant de souvenirs.

Elle monta dans la voiture, remercia Gervais, prit son paquet, serra la main de son jeune compagnon, lui recommanda de nouveau Mathurine, et étoit partie depuis long-temps, lorsque Gervais regardoit encore, désolé et immobile, l'endroit où il avoit cessé de voir la voiture qui emmenoit Caroline.

CHAPITRE XXII.

Après plusieurs jours de voyage, Caroline arriva à Pontarlier, et s'empressa de se rendre à Morteau ; elle va chez le curé et lui remet la lettre du pasteur de Hyères. « Monsieur, lui dit-elle, je me « nomme Caroline Desormes ; il y a plus « d'un an que j'eus le malheur de perdre « ma mère ; elle est morte dans ce vil- « lage, allant du Dauphiné où elle m'a- « voit laissée chez une amie, en Alsace où « l'appeloit une affaire de famille. Vous « avez eu la bonté, monsieur, d'en in- « former dans le temps Marie Philbert, « l'amie de ma mère ; ayez la complai- « sance de me faire indiquer l'endroit où « l'on a déposé ses cendres, pour que je « puisse aller prier sur sa tombe. »

Le curé lui dit que depuis qu'il est à la tête de sa paroisse, il n'y est mort aucune veuve qui se nomme Marie Desormes, et qu'il n'a jamais écrit à Marie Philbert. Caroline, très-étonnée, entre dans plusieurs détails, et, après plusieurs explications mutuelles, ils sont, tous les deux, bien convaincus que la lettre reçue par Marie Philbert a été contrefaite, et qu'elle est le résultat de manœuvres bien coupables, mais dont ils ne peuvent soupçonner le véritable but. Un éclair de bonheur luit aux yeux de Caroline; elle est près d'espérer que sa mère vit encore. Mais si elle vivoit, elle seroit retournée à Saint-Laurent, ou du moins elle auroit donné de ses nouvelles à la famille Philbert, et demandé de celles de sa fille. Caroline veut à l'instant écrire à Marie Philbert; elle remercie le curé, le quitte, va loger chez une veuve respectable que le pasteur lui indique, s'empresse d'annoncer à Marie Philbert ce

qu'elle vient d'apprendre , ce qu'elle
soupçonne, ce qu'elle voudroit espérer,
et elle la prie bien instamment de lui
faire savoir le plus tôt possible tout ce
qui a pu venir à sa connoissance au sujet
de sa mère. « Vous jugerez aisément,
« ma bonne Marie , de l'état dans lequel
« je serai jusqu'à l'arrivée de votre ré-
« ponse ; je donnerois ma vie pour ap-
« prendre que ma mère n'est pas morte ;
« ne perdez pas un instant , je vous en
« conjure , pour me faire écrire par votre
« mari. »

La lettre part, et Caroline se livre à
toutes les réflexions que lui inspire sa
position nouvelle. Elle pense à cette
lettre qu'un notaire d'Alsace avoit écrite ,
qui avoit annoncé à sa mère une succession assez considérable , et qui l'avoit en-
gagée à se rendre auprès de Strasbourg
pour la recueillir. « Elle étoit certaine-
« ment contrefaite aussi ; mais quelle
« noire machination contre ma pauvre

« mère ! quel intérêt a-t-on pū avoir,
« pour se porter à tant de scélératesse en-
« vers celle qui étoit si douce, si bonne,
« et qui n'a jamais fait la plus légère peine
« à personne ? » Elle se perdoit dans ses
conjectures.

Le pays où elle venoit d'arriver étoit
trop pittoresque pour ne pas l'intéresser
beaucoup ; elle résolut de le parcourir
en attendant la réponse de Marie, et se
dirigea du côté du lac de Neufchâtel.

Les bords du lac lui plaisent ; elle y
passe quelques jours dans une chaumière
dont les habitans la reçoivent avec cor-
dialité ; mais elle revient bientôt à Morteau, pour ne pas retarder le moment
où elle recevra la lettre de Marie. Cette
réponse si désirée arrive ; Marie n'a reçu
aucune nouvelle d'Elise ; le silence seul
de son amie les empêcheroit, elle et son
mari Philbert, de douter de sa mort ; ils
témoignent tous les deux à Caroline un
très-grand intérêt, et un vif désir de la

revoir. La lecture de cette lettre fait disparoître bien vîte le foible commencement d'espérance auquel Caroline n'avoit
pas eu la force de résister, et ne pouvant
imaginer aucun moyen d'avoir la plus légère information sur un événement aussi
extraordinaire et aussi malheureux pour
elle, elle se livre, sans aucun nouvel
effort, à sa triste destinée; elle se laisse
aller au torrent qui l'entraîne, et vic-
time condamnée du sort, elle attend,
sans espoir, sans murmure, et, dans la
pieuse résignation que la religion lui com-
mande, le moment où la fin de sa vie
sera aussi celle de ses douleurs.

Plus d'une fois elle alla passer quelques
jours dans la chaumière située sur les bords
du lac et où elle étoit toujours l'objet de
douces prévenances et d'une franche hos-
pitalité.

CHAPITRE XXIII.

Pendant le séjour de Caroline près des frontières de la Suisse, le vicomte de Saint-Elme, qui, depuis le moment où il avoit appris la mort du comte d'Ellival, avoit été sans cesse occupé de faire faire à sa fille un mariage qui pût la dédommager de la fortune que lui auroit donnée son union avec le jeune comte, lui avoit proposé d'épouser le comte Godefroy d'Ellival, parent éloigné de celui qui venoit de mourir, et qui possédoit ou devoit avoir un jour des terres très - considérables. Émilie qui n'avoit eu qu'un goût assez léger pour le jeune comte, accepta facilement la main du comte Godefroy. Peu de jours après son mariage, son mari, chargé d'une mission

très-importante et très-pressée, fut obligé
de partir pour l'Italie. Émilie devoit le
joindre à Naples; mais comme Godefroy
devoit s'arrêter dans plusieurs cours avant
d'arriver dans cette capitale, Émilie désira de passer par la Suisse, et vint visiter
les environs de Neufchâtel.

Caroline étoit assise sur l'herbe auprès
du lac dont la vue entretenoit dans son
âme les seules pensées qui pussent mêler quelque douceur à sa peine cruelle.
Une calèche élégante, attelée de six che-
vaux et suivie de plusieurs piqueurs,
passe sur la rive, et un habitant de Neufchâtel qui se promenoit auprès de l'endroit où Caroline étoit assise, salue une
belle et jeune dame qui étoit dans la calèche avec trois autres personnes. Caroline, par je ne sais quel pressentiment,
désire savoir le nom de la jeune dame.
« Monsieur, vous paroissez connoître la
« dame qui vient de passer dans cette voi-
« ture? — Oui, mademoiselle. — Pour-

« rais - je vous demander son nom ? —
« Elle se nomme *madame d'Ellival.* —
« Madame d'Ellival ! monsieur. — Oui,
« mademoiselle, la comtesse d'Ellival. —
« Son mari est-il à Neufchâtel ? — Non,
« il est en Italie où madame la comtesse
« va le joindre. — Vous ne l'avez jamais
« vu, monsieur ? — Non, mademoiselle,
« mais on dit qu'il est fort jeune, fort
« riche, et très-aimable. — Y a-t-il long-
« temps qu'ils sont mariés ? — Très-peu
« de temps. — Vient - elle de Paris ? —
« Oui, mademoiselle. »

L'habitant de Neufchâtel salue Caroline, et continue sa promenade. Caroline
étoit pétrifiée. Le comte d'Ellival n'étoit
pas mort ; mais il l'avoit trahie. Toutes
les sensations qu'elle éprouve sont trop
fortes, et se combattent trop violemment,
pour qu'elle puisse y résister. Elle croit
toucher à son heure dernière, et elle remercie le ciel. Bientôt elle n'a plus aucune idée ni de ce qu'elle est, ni de ce

qu'elle a appris, ni du lac sur les bords
duquel elle est maintenant étendue. Un
sentiment vague, mais affreux, est tout ce
qui lui reste. Le soleil cependant se couche derrière les hautes montagnes. La
nuit vient; et Caroline est toujours sans
mouvement. Les habitans de la chaumière
inquiets sur elle, la cherchent, sont long-
temps sans la trouver, et la découvrent
enfin, dans cet état si voisin de la mort.
Ils s'empressent de la rappeler à la vie,
la soutiennent, la conduisent dans leur
demeure, et lui donnent les plus tendres soins. Caroline leur témoigne combien elle est sensible à leur affection, les
remercie, les embrasse, rejette sur sa
mauvaise santé l'accident qui vient de les
alarmer, ajoute qu'elle n'a besoin que
d'un peu de repos, et prie qu'on la laisse
seule pendant quelques momens.

LETTRE

De Caroline au curé de Hyères.

« La première lettre que je vous ai
« écrite après mon arrivée sur les fron-
« tières de la Suisse, ô vous qui me per-
« mettez de vous nommer mon père,
« vous a appris tout ce qui m'est arrivé
« depuis le jour où je me suis séparée de
« vous, jusques à celui où j'ai appris le
« plus grand des malheurs qui pût m'ac-
« cabler encore. Ce coup étoit trop fort
« et trop inattendu. Je n'y survivrai pas,
« mon père. Je sens que tous les ressorts
« de ma vie vont se briser successivement,
« et que votre pauvre orpheline aura
« bientôt cessé d'être la plus infortunée
« des femmes. Dieu ne voudra pas que
« je sois plus long-temps livrée aux dou-
« leurs qu'il m'a envoyées. Il me retirera
« de ce monde. Eh ! qu'est donc la fé-
« licité sur cette terre ? J'ai goûté le plus

8

« grand bonheur que puisse éprouver
« l'âme la plus sensible. Tout m'assuroit
« qu'il n'auroit d'autre borne que ma vie,
« et l'existence de celui que je n'ose plus
« nommer. Un instant a suffi pour l'a-
« néantir. Un instant a suffi pour que je
« fusse entièrement oubliée de celui qui
« m' adoroit, et qui ne pouvoit vivre sans
« moi. Ah ! il ne m'a jamais aimée ; dès
« le premier jour où il m'a vue, il a com-
« mencé de me trahir.

« Et, cependant, son air étoit si per-
« suasif ; ses paroles étoient si douces ;
« elles paroissoient venir si pures de son
« cœur ; une foi si religieuse paroissoit
« dicter toutes ses promesses : comment
« ne pas croire à ses sermens ? mais aussi
« comment sacrifier tous les avantages
« que le monde recherche, au souvenir
« d'une pauvre fille sans parens, sans
« fortune, sans naissance, sans talens,
« sans attraits, et qui n'avoit que son
« amour ? N'y pensons plus. — C'est ce

« que se dit à chaque instant la malheu-
« reuse Caroline ; et cependant, elle y
« pense sans cesse. A peine le soleil est-il
« levé que je me traîne sur les bords du
« lac ; je fuis les images sinistres qui m'en-
« vironnent dans ma chambre ; elles me
« poursuivent au milieu de la campagne.
« Le chant des oiseaux, la beauté des
« arbres, la fraîcheur de la verdure, l'é-
« mail des fleurs, les îles délicieuses qui
« embellissent les rives du lac, tout ce
« qui charme les cœurs satisfaits, tout ce
« qui enchante les cœurs aimans, serre
« le mien, le brise ; et je ne puis me re-
» fuser à contempler ce spectacle. Je ne
« sais quelle puissance funeste me force
« à m'abreuver de toute l'amertume de
« ma douleur. Je le vois partout, sur
« les eaux, sur la verdure, à l'ombre
« des bocages, sous les arbres touffus ;
« sans cesse je le cherche et je le fuis. Je
« ferme les yeux et je le vois encore. Je
« brûle, je languis, je souffre, je suis au

« désespoir. Les ténèbres se répandent
« sur la nature : je le vois au milieu des
« ténèbres. Je me réfugie dans ma cham-
« bre solitaire : son image m'y suit. Je la
« désire , je l'évite. O mon père ! quand
« finira ce tourment affreux ? Priez pour
« Caroline ; que le ciel mette un terme
« à des souffrances qu'elle ne peut plus
« supporter ! »

SECONDE LETTRE

De la même au même.

« Chaque jour ma santé s'altère, ô mon
« père ; vous ne reconnoîtriez pas la dé-
« laissée Caroline ; je ne suis plus que
« l'ombre de celle que vous avez vue ;
« mes couleurs sont effacées ; mon em-
« bonpoint a disparu ; mes forces dimi-
« nuent : je remercie Dieu ; je compte
« avec satisfaction tous les progrès de
« mon dépérissement ; je vois s'avancer
« la fin de tous mes maux ; bientôt j'au-
« rai disparu de dessus cette terre où je
« n'aurois à attendre que de nouveaux mal-
« heurs. Je ne vais plus à Morteau ; le
« séjour des bords du lac convient davan-
« tage à la situation de mon âme. D'ail-
« leurs, les habitans de la chaumière me
« chérissent comme une fille ou comme
« une sœur. Je me suis facilement arran-
« gée avec eux. Les voisins sont accou-

« tumés à me voir; ils ne savent pas
« pourquoi ma santé s'affoiblit chaque
« jour; je n'ai confié mon secret à per-
« sonne ; mais ils me voient dépérir, et
« ils me plaignent. L'estime que je leur
« ai inspirée m'a valu hier une preuve
« d'intérêt qui m'a fait bien du mal. Vous
« m'avez permis de tout vous écrire,
« mon père ; et quelle autre consolation
« pourrois-je avoir, au déclin de mes
« jours, que de verser tous mes chagrins
« dans votre cœur compatissant?

« J'étois assise dans une prairie, au
« pied d'un vieux sapin ; je promenois
« machinalement mes regards sur le beau
« pays que l'on découvre de l'endroit où
« j'étois, et je rêvois douloureusement.
« Un vieillard s'approche de moi, me
« nomme, et me demande de m'entre-
« tenir d'une affaire qui l'intéresse vive-
« ment. Je le reconnois pour un des
« amis et des plus riches voisins de mes
« hôtes. — Mademoiselle Caroline, me

« dit-il, après s'être assis auprès de moi,
« je me nomme Joseph ; vous pouvez
« vous souvenir de m'avoir vu dans la
« maison où vous logez. Dieu a béni le
« travail de mon père et le mien ; je suis
« à mon aise, même riche ; j'ai toujours
« fait autant de bien que je l'ai pu. Infor-
« mez-vous de moi dans la contrée, et
« personne, je l'espère, ne vous dira du
« mal du vieux Joseph. Ma femme et
« moi nous ne possédons rien que pour
« notre fils unique, que nous avons tou-
« jours chéri et qui le mérite ; il aura tout
« ce que nous avons amassé et tout ce
« que nous pouvons amasser encore ;
« nous l'avons fait élever avec soin à la
« ville, ce pauvre Frédéric ; il est bon,
« notre fils ; il n'est pas mal ; il est le por-
« trait de sa mère, quand elle étoit jeune,
« et on la trouvoit alors fort jolie ; il ren-
« dra une femme heureuse...... Il vous a
« vue, mademoiselle Caroline ; il vous a
« vue plus d'une fois ; vous n'avez peut-

« être pas fait beaucoup d'attention à lui ;
« mais depuis ce moment, ce bon jeune
« homme languit, et tout ce qu'il désire
« le plus vivement, c'est de vous plaire,
« et de parvenir à obtenir votre main ;
« nous le désirerions autant que lui, ma
« femme et moi, mademoiselle Caroline ;
« et si nous pouvions vous confier le bon-
« heur de notre fils, nous descendrions
« sans inquiétude dans la tombe. — J'ai
« été trop surprise et trop touchée de ce
« que m'a dit le vieux Joseph pour l'in-
« terrompre. Mais, pendant que je lui
« exprimois toute ma reconnoissance pour
« les sentimens qu'il me témoignoit, Fré-
« déric qui nous observoit de loin, s'est
« approché de nous ; il a essayé de me
« dire quelques mots que je n'ai pas pu
« entendre ; le père a renouvelé sa prière ;
« et, tendant la main au bon vieillard, je
« leur ai dit à l'un et à l'autre, que leur
« recherche m'honoroit, mais que j'avois
« trop peu de jours à vivre pour pouvoir

« penser à me marier ; que bientôt je
« succomberois sous le mal qui s'agra-
« voit à chaque instant ; que leur amitié
« me seroit chère jusqu'à mon dernier
« moment. — Frédéric, soyez mon frère ;
« je vous chérirai comme votre sœur ;
« faites un autre choix ; donnez bientôt
« à vos respectables parens la consolation
« de vous voir uni avec une jeune per-
« sonne digne de faire votre bonheur et
« le leur ; je prierai le ciel que ce bon-
« heur soit sans partage , et dure autant
« que votre vie. — Ils ont voulu me répon-
« dre, et le jeune homme paroissoit pro-
« fondément ému ; mais, sans leur en don-
« ner le temps : — Adieu Frédéric ; adieu,
« vous, son vénérable père ; soyez aussi
« heureux que vous le méritez ; je vous
« quitte, pénétrée de reconnoissance ;
« lorsque je ne serai plus, pensez quel-
« quefois à la pauvre Caroline, et lorsque,
« dans ces prairies, vous passerez auprès
« de l'endroit qui renfermera sa cendre,

« dites : *elle a souffert jusqu'au tom-*
« *beau ; mais maintenant elle ne souffre*
« *plus.* — Je leur ai souri, j'ai serré la
« main du vieillard , je me suis éloignée
« d'eux, et je suis allée me renfermer
« dans ma chambre, où j'ai pleuré amè-
« rement. O mon père , je voudrois bien
« avoir encore une de vos réponses. »

TROISIÈME LETTRE

De la même au même.

« Combien je suis reconnoissante,
« mon père, de la dernière lettre que
« vous m'avez écrite ! Je la relis toutes
« les fois que je ne puis plus supporter
« ma douleur. Vous me parlez de Dieu,
« et je suis soulagée. Ah ! sans cette idée
« consolatrice d'un autre monde, où la
« constance est récompensée, et où le
« bonheur est inaltérable, qui pourroit
« soutenir les traverses de cette vie ? qui
« pourroit survivre à la perte de ce qu'on
« aime ? Ma mère me l'a dit souvent,
« pendant mon enfance, et combien je
« l'éprouve aujourd'hui !

« Hier, Thérèse, la jeune fille de mes
« hôtes, m'a conduite à l'église françoise
« la plus voisine. Le pasteur a prononcé
« une exhortation touchante. Il a lu les
« paroles de l'évangile destiné à la con-
« solation des malheureux ; il a prié pour

« ses fidèles ; il les a bénis ; et, pendant
« qu'il offroit l'auguste sacrifice, que l'en-
« cens fumoit autour de l'autel, que la
« majesté divine paroissoit descendre dans
« un nuage, au milieu de ses enfans, et
« que tous les assistans prosternés adres-
« soient leurs vœux à leur père céleste,
« les voix pures et innocentes de plusieurs
« jeunes filles faisoient entendre nos saints
« cantiques. O mon père ! Dieu a eu pitié
« de moi ; j'ai éprouvé des momens de
« calme et presque de bonheur. J'ai voulu
« les prolonger ces momens que j'avois
« cru ne pouvoir plus goûter ; je suis
« sortie la dernière. Thérèse m'attendoit
« auprès de l'église, avec les autres jeunes
« filles. Elles ont entouré leur jeune ma-
« lade ; c'est ainsi qu'elles me nomment.
« Elles m'ont parlé avec affection ; elles
« m'ont donné des fleurs ; elles m'ont
« embrassée ; elles ont voulu me con-
« duire à la chaumière. — Tranquillisez-
« vous, bonne Caroline, me disoient-

« elles ; votre santé deviendra meilleure ;
« nous aurons bien soin de vous ; nous
« vous amuserons. — Et lorsque nous
« avons été dans la prairie, elles dansoient
« autour de moi ; et de jeunes enfans ,
« qui nous avoient suivies , venoient me
« caresser, et m'apportoient aussi des
« fleurs. Quel contraste , mon père , que
« cette joie innocente , cette affection
« douce , cette bonté naïve , et le poison
« qui brûle mon cœur ; cette image d'un
« calme heureux et de la vie qui com-
« mence , et celle du malheur et de
« la vie qui s'éteint ! Que ne leur ai-je
« pas témoigné à ces excellentes filles ?
« Mais je n'aurais pas pu ressentir plus
« long-temps de telles émotions.—Adieu,
« pauvre Caroline , m'ont-elles dit , en me
« serrant la main ; nous reviendrons vous
« voir ; nous nous promenerons ensemble.
« — Ah ! bientôt elles accompagneront
« mon cercueil , et ce sera sur ma tombe
« que leurs fleurs tomberont. »

QUATRIÈME LETTRE

De la même au même.

« J'ai voulu aller seule à cette église
« où j'avois trouvé tant de soulagement,
« et reçu tant de marques d'affection. Je
« marche lentement ; je suis arrivée tard ;
« la porte étoit ouverte ; je suis allée me
« mettre à genoux dans une chapelle. A
« peine avois-je commencé de prier,
« qu'une triste sonnerie a annoncé qu'un
« convoi arrivoit à l'église ; c'étoit celui
« d'une jeune fille étendue sur son cer-
« cueil, vêtue de blanc, une couronne
« de roses blanches sur le voile qui cou-
« vroit à demi sa tête, ses mains jointes
« retenues par un ruban blanc, autour
« d'une croix d'ébène ; elle paroissoit dor-
« mir d'un sommeil tranquille ; elle étoit
« belle, malgré la pâleur de la mort ; elle
« étoit morte innocente ; elle sembloit
« sourire. Ses compagnes, celles qui,

« quelques jours auparavant , avoient
« dansé autour de moi , étoient éplorées
« autour d'elle , vêtues de blanc , et cou-
« ronnées de fleurs , comme celle qu'elles
« pleuroient , et comme autant d'inno-
« centes victimes. La mère de la jeune
« personne , à genoux à la tête du cer-
« cueil , ne pouvoit plus contenir ses san-
« glots , et demandoit sa fille qui la lais-
« soit seule sur la terre. — Sous peu de
« jours , ai-je pensé , je serai dans mon
« cercueil , comme cette jeune infortu-
« née. Mais ma mère ne pleurera pas près
« de moi. — On a chanté les hymnes fu-
« nèbres ; l'eau sainte a été répandue ; des
« parfums ont brûlé autour du corps ina-
« nimé ; le curé a prononcé les prières
« consacrées , et le cortège de deuil s'est
« avancé vers le cimetière. Je l'ai suivi.
« La fosse étoit ouverte ; deux jeunes
« compagnes de celle qui n'étoit plus se
« sont approchées de leur amie , ont
« étendu , en détournant les yeux , sur

« ses traits célestes, le voile qui devoit
« les couvrir à jamais ; on a fermé le cer-
« cueil, on l'a déposé dans la fosse, qu'on
« a remplie d'une terre bénie, pendant
« que le curé prononçant, au nom de la
« religion, un adieu solennel, a de-
« mandé, pour la dernière fois, que le
« ciel s'ouvrît pour recevoir cette âme
« pure et vertueuse. Alors les sanglots
« ont redoublé. La nuit étoit venue. Le
« croissant de la lune éclairoit seul ces
« images mélancoliques et lugubres. Les
« jeunes filles sont venues l'une après
« l'autre, jeter leurs couronnes sur la
« fosse ; la plus jeune y a planté un ro-
« sier ; elles pleuroient. Adieu Louise,
« ont-elles dit d'une voix émue, adieu,
« Louise, repose en paix ; et elles se sont
« éloignées du cimetière, la tête baissée,
« le cœur gros de regrets, et tous les as-
« sistans les ont suivies.

« Je me suis trouvée seule dans cette
« enceinte funèbre ; j'avais beaucoup de

« chemin à faire pour regagner ma chau-
« mière ; et cependant je ne pouvois m'ar-
« racher de ce séjour de la mort. Je me
« plaisois à contempler ma dernière de-
« meure ; je me suis avancée auprès de
« la fosse où reposoit celle qui venoit de
« me précéder : — Que cette terre te soit
« légère, ai-je dit ! qu'une félicité éter-
« nelle soit ton partage ! Ta mère viendra
« prier ici auprès de toi ; tes compagnes
« y viendront aussi ; lorsque je serai cou-
« chée dans une fosse voisine, personne
« ne viendra prier auprès de moi. Délais-
« sée pendant ma vie, je le serai aussi
« après ma mort. Ma mémoire sera bien-
« tôt oubliée, et il ne restera rien de la
« pauvre Caroline. Ah ! je veux qu'on
« place une pierre sur ma fosse, et qu'on
« y écrive : — *Priez pour Caroline De-*
« *sormés ; elle mourut de douleur...* —
« Et si, dans ses voyages, il venoit dans
« cette contrée, s'il entroit dans ce cime-
« tière, s'il lisoit cette inscription, s'il

8*

« donnoit une larme à Caroline, je tres-
« saillerois dans ma tombe, et j'appelle-
« rois sur lui toutes les bénédictions du
« ciel. Ah! que le ciel le rende aussi
« heureux que je suis malheureuse. —
« J'ai découvert auprès de moi un lis
« incliné sur sa tige; je l'ai cueilli; je l'ai
« placé sur la fosse de la jeune fille, et,
« faisant un nouvel effort sur moi-même,
« j'ai quitté le cimetière, et j'ai pris le
« chemin de la chaumière.

« La cloche de l'église faisoit encore
« entendre son tintement mortuaire. A
« mesure que je m'éloignois du cime-
« tière, le son s'affoiblissoit pour moi ;
« il a cessé, et je me suis trouvée plus
« seule qu'auparavant.

« J'étois encore loin de la chau-
« mière ; j'avois à traverser des prairies
« et des bois ; j'ai eu peur ; il y a donc
« encore, dans l'âme la plus malheu-
« reuse, une place pour la crainte. Un
« grand jeune homme a traversé le che

« min devant moi ; il m'a reconnue ; cé-
« toit Frédéric ; je lui ai dit d'où je ve-
« nois : il a vu mon effroi ; il a voulu
« m'accompagner : je n'ai pas osé le re-
« fuser. Quel respect il m'a témoigné !
« Bientôt deux de ses cousines nous ont
« joints ; elles m'ont aidé à redoubler le
« pas ; nous avons parlé de Louise: qui
« parlera de l'infortunée Caroline, lors-
« qu'elle ne sera plus ? Ils ne m'ont quittée
« qu'à la porte de la chaumière, que
« Thérèse s'est empressée de m'ouvrir.
« Elle étoit inquiète ainsi que sa famille ;
« je les ai rassurées, je me suis retirée
« dans ma chambre, et j'ai commencé de
« vous écrire, ô mon père !

« Votre dernière lettre ne me dit rien
« de Mathurine, d'Élisabeth, ni de Ger-
« vais. Ah ! je n'ai pas besoin d'être alar-
« mée sur leur santé pour être bien à
« plaindre. »

TABLE

DES MATIÈRES.

———

TABLE DES MATIÈRES.

www.ingramcontent.com/pod-product-compliance
Lightning Source LLC
Chambersburg PA
CBHW070353090426
42733CB00009B/1399